스타트업 인 뉴욕

StartUp In NewYork

스타트업 인 뉴욕
StartUp In NewYork

박현지 지음

출판
이안

Prologue

CHAPTER1. 스타트 스타트업

CHAPTER2. 뉴욕에서 살아남기

CHAPTER3. 세계 트렌드를 이끌다!

CHAPTER4. 선한 의지가 세상을 바꾼다

Epilogue

부록 /스타트업 키포인트

Prologue

"여보세요. 박현지 기자님이시죠? 뉴욕의 창업시장을 취재하기 위해 다음 달 출국하는데, 자료조사 중 기자님이 쓰신 글을 블로그에서 찾게 됐어요. 어디서부터 어떻게 준비해야 되는지 막막했는데 기자님 블로그에서 많은 정보를 얻었습니다. 혹시 시간이 되시면 출국 전 꼭 좀 찾아뵙고 싶습니다."

기자라고? 내가?

순간 3년 전 뉴욕에서 돌아와 창업가의 길을 걸으며 잠시 잊고 있었던 과거를 동국대학교 교육방송국의 친구들이 일깨워줬다.

나는 2013년 1월부터 24개월 동안 '뉴욕에서 만난 젊은 CEO' 프로젝트를 시작했다. 이 프로젝트를 통해 뉴욕에서 아이디어만 가지고 있는 시작단계의 창업가부터 이름만 들으면 누구나 알 수 있는 성공한 창업가까지 무수한 사람을 만났다. 아무런 연고도 없는 뉴욕에서 매달 인터뷰이를 컨택하며 기사를 썼다.

그들에게 내가 기자처럼 보인 것은 당연한 일이었을 것이다.

"출국 전에 꼭 뵙고 싶습니다."

그들 역시 나처럼 맨땅에 헤딩하듯이 뉴욕으로 떠날 예정인가 보다. 그 절실함을 느꼈기에 나는 무모했던 내 기억을 떠올리며 그들에게 조금이라도 도움을 주기 위해 흔쾌히 사무실로 초대했다. 1시간 반 동안 이어진 대화 속에 내 한 마디 한 마디에 반짝이는 그들의 눈빛을 보며 나도 새삼 가슴이 뛰는 것을 느꼈다.

2013년 5월, 2년 간의 뉴욕대 예술경영 석사학위를 마쳤다. 그리고 그해 12월 처음 한국에 돌아와 '뉴욕에서 만난 젊은 스타트업 CEO'를 소개하는 강연을 준비했다. 그때까지만 해도 '스타트업StartUp'이란 단어는 낯설었다. 예술공부를 한 내가 졸업하자마자 스타트업 강연을 하겠다는 말에 부모님은 어리둥절해 하셨다.

"도대체 그게 뭔데?"

"비싼 돈 들여 미국 유학까지 보내놨더니 미술관에 취직은 않고 전공과 상관없는 스타트업이라니?"

부모님은 아무리 설명해 드려도 전공과 상관없는 거 아니냐며 나무라곤 했다. 그때마다 나는 말했다.

"앞으로 세계 미래는 여기에 있다고요!"

나는 스타트업을 이해하지 못하는 분위기를 뒤로 하고 다시 뉴욕행을 선택했다. 전공을 살려 미술계에서 일하며 동시에 젊은 CEO들의 인터뷰 기사를 쓰기 시작했다.

2년이 지난 2015년에 한국을 찾았을 때 교보문고 경제 섹션에 '스타트업'이란 이름이 등장한 신간도서가 수두룩하다는 것을 확인했다. 불과 얼마 전까지 출간제안서를 들고 찾아간 출판사들이 하나같이 "아직 한국에서는 스타트업이란 개념이 생소해서요."라며 거절을 당하기 일쑤였는데, 어느 새 방송과 언론에서는 스타트업 열풍을 앞 다투어 다루고 있었다. 심지어 한 케이블 방송사에서는 내 사진을 스타트업 관련 자료화면으로 쓰고 있는 게 아닌가.

"작가님, 정말 많은 도움을 받았습니다. 정말 감사합니다."

이 책은 똘망똘망한 눈빛으로 귀를 기울여준 젊은 친구들이 독자 여러분께 드리는 선물이다. 나는 2015년 약혼자(지금의 남편)와 ㈜벤트리프로젝트라는 회사를 공동창업했다. 우리의 첫 번째 프로젝트는 MC시장의 문제점을 해결하는 것이었다. 일반적으로 행사를 준비하는 고객은 MC를 검색하고 매칭하는데 어려움을 겪는다. 프리랜서 청년MC들은 좀 더 안정적으로 일할 수 있는 시장이 필요하다. 이런 틈새시장을 발견하고 고객과 MC에게 꼭 필요한 온라인 매칭 서비스를 엠씨파인더라는 서비스명으로 런칭한 것이다.

서비스 런칭 후 운영해 가고 있는 시점에서 내 블로그 기사를 보고 뉴욕의 스타트업 시장을 조사하러 간다는 젊은 친구들의 똘망똘망한 눈빛에서 잠시 잊고 있었던 수많은 인터뷰 기사를 떠올랐다. 그래서 창업에 몰두하느라 잠시 덮어두었던 그 스토리를 한국의 젊은이들에게 다시 한

번 풀어 놓자고 마음 먹었다.

이 책에는 내가 만나왔던 뉴욕의 젊은 창업가들 중 엑기스만 담았다. 경영인들의 잡지 CEO&에 2013년부터 2015년까지 기재된 기사 중 인터뷰하며 미처 담지 못했던 이야기들이 너무 많다. 기사에 담지 못했던 이야기를 최대한 담아내려 노력했다.

책을 마무리 짓기 위해 뉴욕을 방문해 그동안 인터뷰했던 창업가들을 다시 한번 만나 보았다. 얼마 지나지 않았는데 많은 변화가 있었다. 어떤 이는 본인 회사에서 해고당하는 수모를 겪었고, 어떤 이는 다른 회사에 돈을 받고 비즈니스를 넘긴 경우도 있었다. 친인척에게 빌린 돈으로 작게 시작해서 몇 십억 원을 투자 받은 이들도 있고, 3명이었던 회사 식구가 10명으로 늘어난 친구들도 있었다.

이 책이 스타트업을 시작할까 고민하는 친구들과 스타트업은 시작했지만 방향을 잃고 방황하는 친구들에게 도움이 되었으면 한다. 지구 반대편, 스타트업의 중심지인 뉴욕의 또래 창업가의 스토리와 함께 하며 많은 도움을 받았으면 한다.

평생을 자식에게 공부하라고 잔소리하기보다 인생에 필요한 다양한 경험과 도전이 가장 중요하다 가르쳐주시고 응원해주신 아버지와 어머니께 감사드린다. 내 능력을 항상 믿어주는 나의 No.1 partner in crime 김형주 대표, 항상 조언과 감정적/정신적 지지를 보내주시는 베토벤 삼

촌, 든든한 지원자 케이세웅 유진현 회장님께 그리고 무엇보다도 이 프로젝트의 처음과 끝을 함께 해주신 하나님 아버지께 진심으로 감사의 말씀을 드린다.

끝으로 잠시 접어두었던 스타트업 기사를 기억 속에서 꺼내준 동국대학교 교육방송국 젊은 친구들과 세상에 이 글들을 내놓을 가치가 있을까를 고민하고 있던 내게 용기를 준 출판이안 대표님께 감사드린다.

우리 한번 크게 외쳐보자. 내가 간다, 스타트업!
스타트 스타트업!

드림메이커 박현지

CHAPTER1.
스타트 스타트업
Start StartUp

리 린 Lee Lin
Founder @RentHop
Founded in 2008
#부동산 #렌트시장

{ 온라인 렌트시장을 잡아라! }
렌트호프의 리 린

뉴욕에서 월세방 찾기

"뉴욕생활 중에 가장 힘들었던 점이 뭐예요?"
"살 집 찾는 일이요."

누군가 물으면 나는 서슴없이 대답한다. 뉴욕에서 무려 3번이나 이사를 했다. 학교 다니기 불편하지 않고 주머니 사정에 맞는 집을 찾기란 쉽지 않다. 더구나 렌트비를 줄이기 위해 마음에 맞는 룸메이트를 찾으려면 인내심과 운이 절대적으로 필요하다.

시카고에서 뉴욕으로 건너가면서 자연스레 살인적인 물가에 시달려야 했다. 뉴욕의 물가는 시카고보다 2배 이상이나 비쌌다.

뉴욕에서 주로 내가 찾았던 집은 미드에 자주 등장하는 천장 높은 로프트loft 아파트였다. 브루클린에 세 번째 룸메이트가 이사를 가게 돼 빈 방을 채울 친구를 찾고 있다는 게시글을 보았다. 젊은 친구들이 많이 모여 산다는 핫한 동네인 윌리엄스버그Williamsburg였다.

뉴욕 브루클린에 위치한 힙스터들이 모이는 가장 핫한 동네. 원래 폐공장 지대였는데 젊은 아티스트들이 싼 렌트비를 따라 이곳에 정착하면서 예술적인 동네로 탈바꿈됐다. 트렌디한 카페와 옷가게, 맛집들이 즐비하면서 지금은 관광객들이 빠짐없이 들리는 관광 명소다.

로프트 Loft: 로프트는 보통 천정이 높고 내부 벽이 없이 탁 트인 넓은 공간의 건물들을 이야기한다.
윌리엄스버그 Williamsburg: 뉴욕 브루클린에 위치한 힙스터들이 모이는 가장 핫한 동네. 원래 폐공장 지대였는데 젊은 아티스트들이 싼 렌트비를 따라 이곳에 정착하면서 예술적인 동네로 탈바꿈됐다.

세워진 지 얼마 되지 않은 깨끗한 빌딩이고, 놀랍게도 시카고 렌트비와 같다는 점에 혹해 누가 먼저 들어갈 새라 노심초사하는 마음으로 다음 날 바로 집을 보러 갔다. 원룸에 가벽을 설치해 방 두 개를 임의로 만들어 사용하는 꽤 넓은 공간이었다. 그런데 방 2개는 보이는데 3번째 룸메이트가 있었다는 방은 눈을 씻고 봐도 보이지 않았다. 마침내 안내를 받았는데 옷장으로 쓰는 공간이었다. 보통 집보다 넓게 만들어진 옷장을 세 번째 방으로 세를 놓고 있었던 것이다. 정말 심각했다.

소호에 위치한 렌트호프 사무실에서 한 시간 넘게 대화를 나눴다. 렌트호프 투자자들이 제공해 준 사무실에 입주해 있다.

뉴욕의 물가를 실감하고 렌트비를 훨씬 올린 다음에도 10곳 이상을 돌아보고 나서야 마음에 드는 집을 겨우 찾을 수 있었다. 뉴욕에 도착한 지 2주째 되던 날이었다. 정말 혹독한 뉴욕 진출 신고식이었다.

뉴욕의 젊은이들은 온라인

으로 집을 찾는다. 그 중 가장 많이 사용하는 사이트는 크레이그리스트Craigslist다. 이곳은 부동산뿐만 아니라 구인구직, 중고가구, 전자제품 등 모든 거래와 관련된 광고를 게재할 수 있는 커뮤니티 사이트다. 나도 매번 이사할 적마다 이 크레이그리스트를 찾았다. 매번 10곳 정도를 선택해 주말을 이용해 직접 집을 방문하곤 했다.

온라인 사이트의 약점은 집을 직접 보지 못하기 때문에 발품만 팔고 실망하기 십상이라는 것이다. 바쁜 집주인과 방문 날짜와 시간을 정하기 위해 수십 통의 이메일로 시간을 조율해야 하는 수고스러움도 정말 힘든 일이다.

23세에 집주인이 되다

"어떻게 20대 초반에 아파트 두 채를 살 수 있었죠?"
"시간이 많아서 그만큼 많은 시간을 투자할 수 있었기 때문이죠."

미국에서 부모님 도움 없이 아파트 두 채를 소유한 젊은이를 만났을 때의 인터뷰 일부다. 공부하기 바쁜 유학생이나 친구들에게는 부러움의 정도를 넘어 염장을 질러대는 대답이다. 그 젊은이가 바로 온라인 아파트 검색 플랫폼 렌트호프Renthop를 창업한 리린이다.

리는 MIT공대 졸업 후 꿈에 그리던 마이크로소프트사에 입사했다. 대학시절 모바일 앱 개발에 관심이 많아 졸업 후 어디로 취업할지는 오래 전부터 정해졌던 일이었다.

회사일은 재밌었지만 문제가 생겼다. 6시에 칼퇴근을 하면 다음 날 출근하기 전까지 시간적 여유가 너무 많이 남게 된 것이다. 리는 그 심심한 시간을 달래기 위해 부동산 공부를 하는데 활용했다. 2004년 23살에 회사 근처의 아파트 두 채를 구매하면서 본격적으로 부동산에 발을 들여 놓는다.

보통 스타트업들은 회사 로고를 프린트한 티셔츠를 제작한다. 스타트업 세미나나 컨퍼런스 등에서 회사 로고가 새겨진 티셔츠를 입은이들을 종종 볼 수 있다. 일종의 마케팅 툴이자 직원들간의 소속감을 증진시키기위한 용도이다. 리린에게 렌트호프 티셔츠를 선물받았다.

"두 채씩이나?"

내가 놀라자 그는 위로의 말을 전했다.

"당시 마이크로소프트사 주변에 집값은 지금보다 훨씬 저렴했어요. 방 2개짜리 아파트가 1억 정도밖에 하지 않았기 때문에 가능했죠."

그때부터 리는 회사일이 끝나면 두 아파트를 관리하는 집주인이란 새로운 직업을 가지게 됐다.

"집을 세로 내놓기 시작하면서 집주인과 세입자의 관계가 어떤 것인지 배웠어요. 처음에는 부동산에 대해 아는 게 없어 세입자를 찾기 위해 크레이그리스트를 주로 사용했죠. 그런데 집에 들어오는 사람들의 신용도를 확인할 방법이 없고, 낮에는 회사에 있어 집을 보여주기 위해 약속시간을 잡아야 한다는 어려운 점을 깨닫기 시작했어요."

리는 그때 머리를 쓰기 시작했다. 자신의 직장 동료들에게만 세를 주는 방법을 선택했다. 같은 회사를 다니고 있으면 회사 내 인사시스템을 통해 신분확인이 가능했고, 적어도 안정된 직장을 가지고 있기에 세를 떼어먹지는 않겠다는 생각을 한 것이다.

그는 그렇게 아파트 두 채를 소유하면서 부동산 업계의 문제점을 알아가기 시작했고, 자신만의 아이디어로 사소한 문제들을 해결해 나갈 준비를 했다.

부동산업계 입문하다

"코딩Coding을 하다보면 가끔은 쉬지 않고 밤새서 집중해 끝내고 싶을 때가 있어요. 그래야 능률이 오르기도 하고 더 좋은 성과를 내기도 하기 때문이죠. 그런데 회사에서는 제가 밤을 새서 프로젝트를 끝내도 그 다음날 출근하지 않거나 지각을 하게 되면 눈치를 보게 되기 때문에 더 일을 하고 싶어도 내일 출근을 생각하면 적당하게만 하게 돼요. 이런 제한된 기업문화에서 일하기가 힘들었어요."

코딩 Coding: 사전적 의미로는 컴퓨터 언어로 프로그래밍을 만드는 것이다. 컴퓨터에게 일을 시키기 위해 프로그램 언어를 이용해 코드를 작성하게 되는데 이것을 코딩이라고 한다.

렌트호프 사무실은 18층이어서 도시 전경이 한눈에 보이는 좋은 도시 뷰를 가지고 있었다.

리를 포함한 많은 창업자들이 그랬던 것처럼 자신이 하고 싶은 일보다 남들이 선망하는 직장에 들어간 즐거움의 유효기간은 2~3년밖에 되지 않았다. 리는 꿈의 직장 마이크로소프트사에 입사했지만 그곳에서 만족을 느끼지 못하고, 새로운 일을 찾기 위해 회사를 그만 두고 뉴욕행 비행기에 몸을 실었다.

뉴욕에 도착해 제일 먼저 짐을 풀 아파트를 찾는 과정에서 어려움을 겪으면서 뜻하지 않게 렌트 시장이 가지고 있는 불편한 점들을 어떻게 개선해 나갈 수 있을지 관심을 갖게 되었다.

"뉴욕에 도착해 부동산 중개업자를 고용해 렌트할 집을 알아봤는데 그들이 가져가는 1년치 월세의 15%가 중개 수수료로 빠져 나간다는 것을 알고 나니 너무나 아까운 거예요. 아파트 월세가 200만 원이라 생각해 보세요. 그럼 이사를 하기 위해서 최소한 360만 원 정도는 있어야 이사할 수 있다는 이야기예요. 게다가 뉴욕에서는 세입자가 집주인에게 보증금 명목으로 첫 달과 마지막 달 월세를 합한 금액을 줘야 돼요. 그러니까 뉴욕에서는 적어도 천만 원 이상은 있어야 혼자 살 집을 구할 수 있다는 이야기인 거죠."

그래서 마음 맞는 파트너를 만나 2009년에 렌트호프를 처음 시작했다. 초기의 아이디어는 집주인과 고객들을 직접 연결해주는 플랫폼을 만드는 것이었다. 부동산 중개업자의 역할을 대신 해주는 비즈니스였던 셈이다. 그런 과정에서 친구들과 주변의 도움을 받아 입소문이 나면서 뉴욕타임지New York Times에 소개가 됐다. 언론에 보도가 되고 나니 렌트호프를 돕고자 하는 투자자와 사람들이 모여들기 시작했다.

그때 렌트호프의 운명을 바꾸는데 큰 도움을 준 멘토를 만났다. 와이콤비네이터Y-combinator의 공동창업자 폴 그레이엄Paul Graham이었다. 그는 부동산 중개업자의 도움은 필요 없다고 생각하는 리가 새로운 시각을 가질 수 있도록 조언을 해줬다.

"그렇게도 부동산 중개업자가 필요 없다 생각한다면 중개업자가 한 번 돼 보는 건 어떨까? 직접 경험해서 그들이 무슨 일을 하는지 알고 나면 웹사이트에 더 나은 서비스를 적용할 수 있지 않을까?"

폴의 조언은 리의 운명을 바꿨다. 직접 경험하는 것만큼 중요한 건 없다는 생각에 공동창업자인 로렌스와 함께 부동산 중개업 자격증을 따기 위해 공부했다. 그렇게 자격증을 따서 고객들에게 아파트를 하루 종일 보여주러 다니기도 하고, 사진을 찍어 인터넷에 정보를 올리기 시작

로와이콤비네이터 Y Combinator: 2005년 설립된 미국의 대표적인 액셀러레이터 프로그램이다. 초기 창업 투자비용과 자문, 비즈니스 네트워크를 제공한다. 매년 3개월 프로그램을 두 번 운영하고 보통 6%정도의 지분을 받고 지원을 해준다.
폴 그레이엄 Paul Graham: 미국의 대표적인 액셀러레이터 와이 콤비네이터의 공동 창업자이자 프로그래머, 벤처기업 투자자다.

했다. 직접 부동산일에 뛰어든 것이다.

일을 시작한지 얼마되지 않아 렌트호프의 초기 아이디어를 수정해야 된다는 사실을 깨닫는다.

"실제로 일을 해보니 중개업자들은 집을 찾는 고객들에게 굉장히 유용한 역할을 해주고 있었어요. 시장에 나와 있는 수많은 집 중 살 만한 곳들도 있지만 그렇지 않은 곳들이 더 많아요. 그들이 고객들에게 보여주는 물건은 시장에 나와 있는 10~15% 정도밖에 되지 않거든요. 중개업자들은 이런 곳을 일일이 돌아다니며 고객에게 좋은 곳들을 골라 필터링 해주는 거였죠. 중개업자들의 도움이 필요하단 걸 알게 됐어요."

지금 렌트호프는 집주인뿐만 아니라 중개업자들도 수수료만 내면 포스팅이 가능한 사이트가 됐다. 중개업자들의 역할을 대신하기보다 함께 일을 하며 시너지 효과를 내는 방법을 선택한 것이다. 다른 온라인 부동산 사이트들이 가지고 있는 문제점을 해결하는 서비스를 개발하는 데에 집중했다.

사업초기 완성시킨 홉스코어HopScore시스템은 광고를 올리는 회원들의 점수를 매겨 고객들이 광고를 믿고 선택할 수 있는 기준을 마련했다. 홉스코어 원리는 이전 리가 뉴욕에 오자마자 잠시 일했던 헤지펀드사 디이쇼D.E Shaw & Co에서 데이터를 수집해 시장의 흐름을 파악하던 원리를 적용했다. 렌트호프 사이트에서 보이는 회원들의 모든 움직임을 데이터로 분석해 자동적으로 점수를 매기는 방식이다. 예를 들어 고객의 질문에 얼마나 신속하게 답변을 하는지, 얼마나 다양한 양의 정보를 제공하는지, 유저들의 평가가 좋은지, 마지막 접속 시간이 언제였는지 등을 데이터로 분석해 자동적으로 점수를 매기게 한 것이다.

"제가 그리는 렌트호프의 비전은 단순히 집주인과 중개업자를 세입자에게 연결만 해주고 끝나는 플랫폼이 아니에요. 렌트시장이 가지고 있는 문제점을 계속해서 해결해 나갈 거예요. 집을 찾는 과정뿐만 아니라 계약을 하고 그 집에서 살아가며 집주인과 세입자가 겪는 어려움까지도 해결해 나갈 겁니다. 계약 전에 서로의 신용도를 확인할 수 있는 기능과 집주인이 집세를 확실히 받을 수 있게 도와주는 기능을 구축하는 겁니다."

건강한 기업의 성장을 꿈꾼다

창업 초기 경영학과 출신도 아니고 MBA도 졸업하지 않은 리가 회사를 잘 경영해 나갈 수 있을까 주변의 걱정을 많이 샀다. 하지만 지금은 경영철학이 확고한 기업으로 자리 잡았다. 리는 초기부터 확실히 지켜나가는 두 가지 원칙이 있다.

첫째는 최소한의 투자금으로 회사를 유지해 가는 것이다. 많은 스타트업들이 처음부터 고액의 투자금을 갖고 시작하거나 여러 곳에서 투자금을 유치받은 다음에 대형회사로 고액에 매각하는 방식을 취하고 있다. 하지만 리는 초기에 참여한 와이컴비네이터 엑셀레이터 프로그램과 오피스를 제공받고 있는 투자자들에게서 소액의 투자금만을 받아 사업을 하고 있다. 그래서 지금도 렌트호프의 최대 지분을 가지고 있다며 자랑스럽게 이야기한다. 수익분기점을 지난 지는 오래됐고 현재는 이제껏 받은 투자금보다 더 많은 돈이 회사 통장에 쌓여 있다며 미소 짓는다. 렌트호트는 뉴욕을 기점으로 미국내 대도시들을 중심으로 서비스가 진행 중이다. 뉴욕에서 나온 매출로 조금씩 사업을 확장해 나가는 방식을 유지하고 있다.

둘째는 실력 있는 인재보다 믿을 수 있고 함께 갈 수 있는 인재를 필요로 하는 것이다. 렌트호프는 출퇴근 시간이 정해져 있지 않다. 본인이 원하는 시간에 맡은 일들을 처리할 거란 팀원에 대한 확신과 믿음이 있기 때문이다. 그만큼 함께 일하는 팀원들을 100% 믿고 신뢰할 수 있는 사람을 만나기 위해 새로운 팀원을 채용할 때만큼은 까다로워지는 리다. 조금은 느리게 가더라도 건강하게 성장하는 기업을 만드는 게 리의 바람이라고 한다.

특별히 출퇴근 시간이 정해져 있지 않은 자유로운 분위기의 렌트호프다.
하지만 오늘 취재 온다고 이야기했더니 출장간 팀원들 빼고는 낮에 출근을 해준 거라며 고마워하는 리.

"아무리 명문대 출신에 프로그램 개발 능력이 뛰어난 사람이라 해도 기존 있는 팀원들과 조화를 이루지 못하고 스트레스를 받는 상황을 잘 대처할 수 없다면 아예 없는 것만도 못하다고 생각해요. 제가 팀원을 뽑을 때 가장 중요하게 생각하는 점은 얼마나 팀과 조화를 이룰 수 있는지, 힘든 일이 닥쳤을 때 내적으로 얼마나 잘 해결해 나갈 수 있는 사람인지를 우선으로 여깁니다."

리는 두 번의 꿈의 직장을 거쳐 자신이 있어야 할 곳을 찾았다. 지금 제2의 인생을 살고 있다. 그를 보며 꿈에 대해 생각해 본다. 흔히 꿈의 대학, 꿈의 직장, 꿈의 하우스 등 전형화된 꿈을 생각한다. 나 역시 그랬다. 유학 준비를 하며 어느새 '뉴욕대'란 굉장히 전형적인 꿈에 집착했다. 내 인생의 꿈이 일개 대학의 졸업장으로 바뀌어 버린 것이다. 그 꿈이 좌절됐을 때는 패배자로 살았고, 설사 그 꿈을 이뤘을 때는 잠시 취한 행복에 불과했다.

하지만 내가 만나온 리를 포함한 수많은 젊은 CEO의 꿈은 결코 단편적인 것들이 아니었다. 그들은 자신이 발견한 문제점을 어느 누구보다 잘 해결해 나갈 수 있다는 자신감과 더 나은 서비스로 업계의 문제점을 해결해 나가겠다는 비전을 가지고 도전했을 때 비로소 꿈의 직장이 이곳이란 걸 깨달았다. 그리고 그곳에서 세운 목표들을 이루어가며 행복하다고 이야기한다.

대부분의 사람들은 창업이 반짝이는 아이디어를 떠올리는 것부터 시작하는 것이라 생각한다. 하지만 창업가들은 이구동성으로 이야기한다. 창업은 아이디어가 아닌 자신이 직접 경험한 문제점에서부터 시작하는 것이라고.

시장에 문제점이 존재하는지를 정확히 파악하기 위해서는 직접 자신이 경험한 시장에서 창업을 하는 것이 중요하다. 어깨 너머 경험한 것만으로는 시장에서 필요한 문제를 해결하고자 할 때 실패율이 높아진다.

스타트업 양성가로 유명한 폴 그레이엄은 본인의 에세이에서 1995년 만든 온라인 아트 갤러리가 실패한 이유를 고백한다.

"아트 갤러리를 온라인으로 옮겨온다면 세계 어디서나 그림을 보고 구매할 수 있단 가설을 세우고 온라인 갤러리를 창업했지만 보기 좋게 실패했다. 예상했던 것과는 달리 미술시장은 온라인을 통해 비즈니스를 운영하기 힘든 특수한 환경이었고 미술시장에 대한 경험이 부족했던 나는 시장에서 고객이 자신의 제품을 원하지 않는다는 것을 알아채는 데만도 오랜 시간이 흘렀다."

 스타트업계 거물도 창업초기 부족한 경험으로 시장에서 필요도 하지 않은 제품을 만들어 실패를 맛봤다. 실패하는 창업가들은 반짝이는 아이디어를 생각해내, 역으로 시장에서 이 제품이 필요한지를 증명해 나가는 방법을 선택한다. 간혹 가다 운이 좋으면 대박이 날 수도 있지만 그 성공률은 현저히 낮을 수밖에 없다.

 렌트호프의 리는 부동산이 경험해 보지 못한 분야였기에 단순히 집주인이란 경험을 넘어서 부동산중개업 자격증을 땄다. 그리고 직접 중개업자로 활동하며 시장에 온전히 몸을 부딪치고 경험하며 시장의 문제점을 정확히 파악해나갔다. 몇 번의 검증을 통해 문제점을 파악하고 해결점을 찾다 보니 렌트호프란 제품은 부동산업계에서 중심으로 성장해 나가고 있다.

존 스테인 Jon Stein
Founder @Betterment
Founded in 2008
#핀테크 #재무설계

{ 주머니 사정을 개선시켜주는 베터맨트 }
베터맨트의 존 스테인

돈관리 프로젝트

　내게는 구두쇠 같은 남동생이 있다. 어릴 때 나는 용돈이나 세뱃돈을 받으면 항상 쓰기 바빴다. 하지만 동생은 나와 달리 그 돈을 모으기 바빴다. 동생은 대학 졸업 후 월급관리에 관심이 많았다. 전문서적과 인터넷을 찾아보는 것으로는 한계를 느끼고 재무설계사들을 만나기 시작했다. 동생은 무려 4명의 전문가를 만나 가장 이상적인 안을 선택하려고 했지만 전문가마다 각자 다른 조언을 해주는 것을 보고 오히려 혼란스러워 했었다.

　뉴욕에서 존Jon을 만났을 때 남동생이 떠올랐다. 그가 존을 만났다면 어땠을까? 존은 경제학과와 MBA를 졸업한 후 뉴욕 투자은행에서 컨설턴트로 일하고 있었다. 그는 자신이 전문가라고 믿었기에 주식 투자로 충분히 성공할 수 있을 거라 확신했다. 하지만 자만이 화를 불러 온 것일까? 그는 자신이 선택한 주식이 연이어 폭락하는 것을 속수무책으로 바라보며 점점 자신감을 잃어갔다.

그때 금융권에 종사한다는 이유로 친구들이 투자와 관련된 조언을 구해왔다. 존은 자신감을 잃었지만 친구들이 집요하게 묻는 바람에 나름대로 다음과 같은 해결책을 제시해 주었다.

뉴욕에 도착해 3번의 이사끝에 월가에 둥지를 틀었다. 금융회사들이 모여있고 과거의 9.11테러 사건으로 어느 동네보다 경비가 삼엄해 비교적 살기에는 안전한 동네다. 아침저녁으로 화이트 칼라 부대들과 관광객들로 365일 붐비는 동네이기도 하다.

첫째, 개인 재무설계사를 고용하라. 하지만 20~30대 친구들에게 금융전문가를 고용하라는 말은 공허한 메아리였다. 매년 떼야 하는 1~2%의 수수료는 너무 큰 부담이었다.

둘째, 스스로 시장을 공부하고 분석해 직접 투자하라. 이것 역시 사회 초년생에게는 좋은 조언이 아니었다. 직장에 적응하기도 바쁜데 언제 이런 시간을 낼 수 있단 말인가?

존은 친구들에게 현실과 동떨어진 답변을 해준 것에 대해 양심의 가책을 느꼈다. 그래서 스스로 해답을 찾기 위해 노력했고, 마침내 그 결과로 온라인 재무설계 플랫폼 베터맨트를 만들 수 있었다.

베터맨트를 완성하기 위한 과정

존은 처음부터 금융권에 발을 들여 놓았던 건 아니었다. 경제학과 출신의 80% 이상이 금융권에 취직하는 것과 달리 그는 졸업 후 의과대학에 편입하기 위해 연구실을 선택했다. 하지만 연구실 일은 적성에 맞지 않았다. 고민 끝에 여행을 떠났고, 운명의 여신은 여행의 종착지로 금융의 도시인 뉴욕으로 그를 이끌어 주었다. 그는 뉴욕에서 전공을 살려 실제 시장에서 경험을 쌓아봐야겠다는 생각으로 컨설팅회사의 문을 두드렸다.

"처음에는 일이 적성에 맞아서 정말 좋았어요. 제가 즐기면서 할 수 있는 일이 금융권에 있을 줄은 꿈에도 몰랐거든요. 물론 시간이 지날수록 회의가 들 때도 있었죠. 제 담당이 은행 투자상담이었는데 일하면서 투자시장은 결국 은행이 더 많은 돈을 벌어들이는 구조로 돌아가고 있다는 것을 깨달았죠. 친구들에게 우스갯소리로 시골에 있는 작은 은행을 인수해 투자하면 돈을 많이 벌 수 있을 거란 농담을 할 정도였으니까요."

그는 이런 현실에선 누구도 젊은 개인 투자자들에게 제대로 된 투자상담을 해줄 수 없다는 것을 알고 안타까워했다. 현실은 아무리 전문가라도 믿고 투자할 수 있는 환경이 형성돼 있지 않다는 것을 알았기 때문이다. 더구나 거래 수수료까지 높아 개인 투자자들에게는 여러모로 불리한 것들이 많았다.

"투자시장의 문제점을 개선하기 위해 스타트업을 시작하려고 했지만 어떤 비즈니스를 해야 할지는 정확히 알지 못했어요. 그런데 회사 이름만큼은 '베터맨트Betterment'라고 먼저 지었죠. 어떤 방식이든 금융계의 문제점을 개선할 비즈니스를 시작할 거란 확신이 있었거든요."

그는 4년 간 다니던 컨설팅회사에 사표를 냈다. 그리고 사업을 구체화 시키는데 MBA만큼 좋은 곳이 없을 거란 생각에 곧바로 MBA프로그램에 등록했다. 2년 간 비즈니스 스쿨에 투자를 한 것이다. 수업을 들으며 꼭 필요한 시장조사와 마케팅 전략을 세우기 시작했다. 베터맨트를 주제로 학기말 페이퍼를 제출했고, 그렇게 모든 페이퍼를 모아서 하나의 탄탄한 비즈니스 플랜을 완성했다. 안정된 직장을 박차고 나와 직장생활 4년 동안 모은 월급통장이 바닥날 때까지 그는 최선을 다했다.

"첫 런칭은 테크크런치 디스럽트Techcrunch Disrupt에서 했어요. 2만5천 명의 관중 앞에서 베터맨트를 설명하는데 어찌나 떨리던지. 하지만 상상 이상으로 좋은 반응을 얻었어요. 그 자리에서 곧바로 500명이 가입신청을 했어요. 사람들이 제정신이 아닌 줄 알았어요. 오늘 런칭한 회사에 자신들의 돈을 맡긴다는 게 믿기지 않았어요. 정확히 그날 서버를 열었거든요. 사이트를 연 첫 날 500명의 고객을 확보하고 시작한 거죠. 그러자 곧바로 벤처캐피털Venture Capital로부터 몇 십 통의 문의 전화가 왔어요. 그 중 지인소개로 만난 벤처투자사와 일을 하게 됐는데, 직접 만나 아이디어 피치를 했더니 '기다리고 있던 서비스였고, 이제껏 나온 온라인 재무설계서비스 중 단연 최고'라며 극찬을 아끼지 않았죠. 그때 확신했죠. 우리가 만들어낸 플랫폼이 시장에서 큰 가치를 인정받고 있다는 걸요."

테크크런치 디스럽트TechCrunch Disrupt: 북미 최대 IT 온라인 매체인 '테크크런치'가 2011년부터 매년 샌프란시스코에서 개최하는 대표적인 창업 콘퍼런스다. 초기 스타트업들이 부스를 마련해 신제품 혹은 서비스를 전시, 공개하고 저명인사들의 강연을 들을 수 있고, 스타트업 경연대회들이 열리는 축제다.
벤처캐피털 Venture Capital: 장래성 있는 벤처기업에 투자하는 투자전문회사 혹은 그 자본을 말한다.

더 큰 목표를 위해

베터맨트는 시스템을 통해 고객에 맞는 재무설계를 자동적으로 해주는 온라인 플랫폼이다. 존의 초기 목표는 단순했다. 주위 친구들이 쉽게 돈 관리를 할 수 있도록 도와주는 단순한 플랫폼을 만드는 것이었다.

"대학 때부터 독학으로 투자 관련 공부를 하면서 직접 돈 관리를 했어요. 계정 7개를 가지고 다양한 방법들로 투자를 해봤지만 모두 실패로 돌아갔죠. 이 경험을 통해 나 대신 포트폴리오에 맞게 자동적으로 투자를 해준다거나 좋은 종목이나 상품들을 추천 해주고 세금 처리까지 해주는 서비스가 존재하지 않다는 것을 알았죠. 전문가를 고용하면 도움은 쉽게 받겠지만 젊은이들에게 그럴 만한 돈이 어디 있나요? 그래서 초기에는 저와 같은 젊은 개인투자자들을 위한 서비스를 만들어 나가기 시작한 거죠."

베터맨트는 가입하고 서비스를 이용하기까지의 단계가 간단명료하다. 기본적인 인적사항을 입력하면 바로 시작할 수 있다. 바로 투자목적을 설정하고 목표금액을 정하면 매달 얼마씩 투자를 해야 하는지에 대한 계산이 나온다. 다음은 얼마나 공격적인 투자를 원하는지 결정하면 자신이 선택한 조건에 맞는 주식과 포트폴리오를 추천 받는다. 그 이후부터는 포트폴리오에 맞게 자동적으로 투자해주고 배당금을 재투자

투자목적과 목표금액, 매달 얼마씩 투자하고 싶은지를 설정하면 고객에 맞는 포트폴리오가 추천되는 간편한 서비스이다.

하는 서비스가 가동되는 것이다.

"보편적으로 사람들이 가장 많이 하는 실수는 시장 가격이 가장 낮을 때 주식을 샀다가 가격이 가장 높을 때 되파는 일이에요. 당장의 이익 때문에 리밸런싱Rebalancing과 매입원가 평균법과 같은 좋은 투자방법들을 잊어리게 되는 거죠. 제가 투자 실패를 하며 크게 깨달은 것은 우리는 사람이기에 투자에 관해서 완벽한 결정을 내리기 힘들다는 것이고, 그 다음은 우리는 결코 시장을 이길 수 없다는 것이었어요. 시장 변동에 따라 이성적일 수 있는 사람들이 얼마나 되겠어요? 베터맨트의 자동화된 시스템은 시장변동과 함께 움직이는 인간의 감정을 배제

리밸런싱 Rebalancing: 운용하는 자산의 편입비중을 재조정하는 행위이다. 투자자 개인이 보유한 펀드나 주식의 종목들을 다시 구성하는 작업을 말한다.
매입원가 평균법: 목표로 하는 주식을 일정 기간 동안 나누어 꾸준하게 매입함으로써 매입 평균 단가를 낮추는 투자 방법을 말한다.

시키고 처음 계획했던 대로 투자할 수 있게 도와주죠."

베터맨트의 초기 주고객층은 평균 연령이 30대 초반인 젊은 개인투자자들이었다. 하지만 지금은 고객의 연령층이 높아졌다. 심지어 재무설계사들도 베터맨트의 주고객층이 됐을 정도다. 베터맨트는 이제 특정한 고객층만을 위한 플랫폼이 아닌 가장 효율적인 방법으로 투자를 하고자 하는 사람이라면 누구나 애용하는 플랫폼으로 커나가고 있다.

많은 젊은 창업가들이 처음부터 고액의 투자금을 유치해서 시작하려는 것과 달리 베터맨트는 창업 초기 외부투자 없이, 심지어 본인과 공동 창업자들의 월급 지급 없이 성장해 나갔다. 존은 본인 소유의 자가용도 없다. 평소 자전거를 타고 출퇴근하는데 굳이 자가용이 필요할 때면 동네에 사는 매형 차를 빌려 탄다. 그의 이런 성향은 베터맨트가 현재 7조 원 이상의 자산을 관리하는 회사로 성장했음에도 변하지 않았다. 존은 그것이 베터맨트의 정체성이라며 자랑스러워한다.

존과 대화를 나누며 가장 많이 사용된 단어가 회사명이 '개선'이었을 만큼 회사 이름을 지을 때나, 지금이나 더 나은 '개선'된 서비스를 위해 노력하고 있다.

"일과 중 가장 행복한 시간이 고객과 대화하는 시간이에요. 그들과의 대화를 통해 문제를 찾고 거기서부터 개선점을 찾아가기 때문이죠."

업계에서 가장 빠르게 성장하고 있는 이유를 그의 한결같음에서 찾게 된다. 고객들로 하여금 그를 믿고 베터맨트에 자산을 맡길 수 있는 이유가 베터맨트의 성공 비결이 아닐까 싶다.

창업자들의 초기 목표는 소박하다. 하지만 문제점을 해결해 나가는 과정에서 더 큰 시장의 문제점을 해결해 나가는 과정을 거치면서 초반의 목표와 계획들이 확장돼 가는 모습을 종종 목격했다.

스타트업 서적 중 스테디셀러인 '제로 투 원Zero to One' 의 저자 피터 틸Peter Thiel이 방한해서 강연을 가졌을 때다.

"성공한 창업기업들은 작은 시장에서부터 시작한다."

(2015년 2월 25일 삼성동 '서울컨벤션')

그때 그가 강조하고 강조했던 말이다. 그는 본인이 설립한 페이팔Paypal도 창업초기 결제시장이란 거대한 시장을 공략하지 않고 이베이eBay의 파워셀러 2만 명을 타겟으로 시작했다고 한다. 결제시장의 극히 작은 부분의 문제를 해결하면서부터 급속도로 시장 점유율을 높여 갈 수 있었다는 것이다.

페이스북도 마찬가지다. 처음에는 하버드 학생 1만2천 명을 상대로 시작했지만, 급속도로 전 세계인을 연결하는 플랫폼으로 성장할 수 있었다.

존은 2008년 주변 친구들의 재무설계의 어려움을 해결해주기 위해 베터맨트를 시작했다. 그리고 8년이 지난 지금 금융시장의 핫이슈로 떠오르고 있는 로보어드바이저robo-advisor의 선두주자로 자리 잡아 더 광대한 시장의 더 큰 문제들을 해결 해주는 기업으로 성장해가고 있다.

주변의 아주 작은 문제부터 살펴보자. 작은 곳에서 문제를 해결하다 보면 좀 더 큰 문제를 해결할 수 있는 기회가 온다. 그러면 그 다음에 사업을 확장하는 것은 시간문제다.

* 로보어드바이저 Robo-Advisor:

금융시장 자산관리 서비스의 한 종류로, 로봇과 자문전문가의 합성어 (Robo+Advisor)로 인공지능(AI)에 기반을 둔 첨단 서비스를 이야기한다.

국내 유사 서비스

에임 AIM http://getaim.co

2016년 12월 베타 서비스를 시작한 국내 최초 로보어드바이저이다. 에임을 이끌고 있는 이지혜 대표는 뉴욕 월스트리트에서 퀀트(계량분석) 투자 트레이더로 활약하다 국내로 돌아와 핀테크 스타트업을 시작했다. 현재 4000여명의 예비고객과 1600억원의 투자희망금액을 확보하고 있다.

브린 지넷 Brynn Jinnett
Founder @Refine Method
Founded in 2010
#피트니스 #부띠끄스튜디오

자신만의 브랜드를 만들다
리파인 메쎄드의 브린 지넷

운동이 생활화된 뉴요커들

"미국내 비만율이 갈수록 심각해지고 있습니다. 95년 이후 17개 주
의 비만율이 최소 90% 상승했다고 하는데 사회적인 관심과 대책
이…"

평소보다 일찍 일어나 학교 갈 준비를 하는데 거실에서 들려오는 뉴
스 소리에 잠시 멈칫 했다. 언론에서는 연일 비만이 사회적으로 심각
한 수준에 이르렀다는데 내가 체감하는 뉴욕은 그렇지 않았다. 그때 아
침 일찍 일어나 집 앞 공원을 뛰고 돌아오는 룸메이트 에리카 소리가 들
렸다. 바쁜 생활 속에서도 운동하는 걸 잊지 않는 에리카만큼이나 허드

슨 강을 따라 운동하는 조깅족들이 엄청나게 많다. 이 사람들은 언제 일할까 싶을 정도로 밤낮 대중없이 야외에서 열심히 뛴다. 그 중에는 심심찮게 유모차를 끌며 트랙을 도는 젊은 엄마부대도 있다. 마치 아기 엄마라고 해서 운동 못할 이유는 없단 걸 보여주기 위해 시위하는 것만 같았다.

뉴요커들의 운동에 대한 열정은 학교에서도 쉽게 목격할 수 있다. 한창 중간고사 기간이라 눈코뜰새 없이 바쁜 내게 어제 하프마라톤을 뛰고 왔다는 친구가 평소보다 시간이 단축됐다며 신나게 자랑까지 하곤 했다. 시험공부로 잠도 제대로 자지 못해 비몽사몽한 나에게는 신기할 뿐이었다.

한번은 수업 시작 1분 전에 운동복을 입고 요가 매트를 돌돌 말아 책가방에 꽂은 채 헉헉대며 강의실로 뛰어 들어오는 친구가 있었다. 요가 클래스가 끝나고 곧바로 오느라 쫄쫄이(?) 차림으로 수업을 듣는 그 친구를 힐끔힐끔 바라봤던 기억이 새롭다. 이런 문화에 익숙한 당사자보다 그러지 못한 내가 더 민망했던 시간이었다. 시험기간에 잠자는 시간을 줄이더라도 머리는 꼭 감고 등교하는 내겐 이해할 수 없는 일이었기 때문이다.

아무리 공부가 힘들고 스케줄이 바빠도 뉴요커들은 어떻게든 운동을 한다. 바빠도 끼니는 누구나 챙겨 먹는 것처럼 그들에겐 밥 먹는 것만큼 운동이 습관으로 자리 잡았다.

뉴욕은 운동화 한 켤레만 있어도 쉽게 뛸 수 있는 도시 환경이 조성

돼 있었다. 또한 도시인들의 바쁜 스케줄에 맞게 도심 곳곳에 24시간 운영되는 피트니스 센터들이 자리잡고 있었다. 이런 운동 습관을 가진 뉴요커들에게 미국내에서 문제가 되는 비만 문제는 큰 문제처럼 느껴지지 않았다.

주말이면 요가렛슨을 야외 한복판에서 펼치는 뉴요커들. 유니언 스퀘어 광장의 토요일 오전 광경.

제2인생을 펼쳐 보이는 발레리나

뉴욕에서 나는 뉴요커처럼 운동을 습관화 하지 못했다. 석사과정을 하면서 건강이 나빠진 것도 그렇지만, 어릴 적부터 운동을 한 번도 놓아 본 적이 없어 '체대생'이라 불렸을 정도로 매일 운동하는 걸 즐겨했던 나는 뉴욕에서 쌓여가는 과제와 논문 집필로 점점 운동과 멀어졌다.

그러다 너무 체력이 약해지자 이대로는 안 되겠다는 생각에 학교 주변의 피트니스 센터를 검색하기 시작했다. 이왕 운동하는 거 한 번도 해보지 않은 것으로 하면 좋겠다 싶어 처음 들어보는 운동위주로 검색을 했다. 그러던 중에 굉장히 세련된 이름 하나를 발견했다.

'리파인 메쎄드Refine Method'란 부띠크 스타일의 피트니스 센터였다. 헐리우드의 유명한 배우들과 뉴욕 부동산 재벌이자 미국 제45대 대통령 도널드 트럼프의 딸 이반카 트럼프와 같은 셀러브리티들이 즐겨하는 운동이란 홍보문구에 솔깃해 덜컥 등록을 해버렸다.

"1, 2, 3, 4, 5 당기세요! 10초 카운트 시작합니다. 포기하지 마시고 조금만 더 버티세요!! 5, 6, 7, 8….."

스튜디오에 들어서자마자 입구까지 쩌렁쩌렁 울러 퍼지는 강사의 호령 소리와 간간이 들리는 사람들의 거친 숨소리가 마치 군대 훈련장을 방불케 했다. 머리에 헤드셋 마이크를 차고 스튜디오 이곳저곳을 누비며 동작을 힘겹게 따라 하는 수강생들에게 일일이 자세 교정을 해주고 격려하는 모습이 매우 인상적이었다.

이 여성이 바로 리파인 메쎄드를 창업한 브린 지넷이다. 발레리나 출신이란 걸 익히 들었기에 발레처럼 우아한 동작들을 예상했는데 보기 좋게 빗나갔다. 60분간 팔 벌려 높이 뛰기, 전력질주로 제자리 뛰기와 근육강화 운동을 섞은 여럿 세트를 휴식시간 없이 반복하는 강도 높은 서킷 프로그램이었다.

리파인메쎄드에서 길러진 체력덕분에 석사논문을 무사히 끝낼 수있었다.

"태어나 걷기 시작하면서부터 발레를 시작했어요. 발레는 제 인생의 전부였죠. 하지만 어느 순간부터 새로운 것에 도전하고 싶었어요. 은퇴 후 무엇을 하고 싶은지는 정확하지 않았지만 남들처럼 발레 학원을 차리고 싶지 않단 것만은 확실했죠."

브린의 얼굴에서 발레를 그만두었다는 아쉬움은 찾아 볼 수 없었다. 오히려 자신의 브랜드를 창조한 것에 대한 자신감과 열정이 넘쳐나 보였다. 7살 때 아메리칸 발레 학교School of American Ballet에 입학해 유년 시절 발레를 한 번도 놓아 본 적이 없다고 한다. 17살 때 하버드대에 합격 할만큼 머리도 명석했다. 합격통지서와 함께 꿈에 그리던 뉴욕시티 발레단의 러브콜을 받으면서 대학 입학을 잠시 미루고 발레단 활동을 했지만, 입학을 마냥 늦출 수 없어 곧바로 대학 생활을 시작했다.

"학교를 다니면서도 현역으로 활동했어요. 1, 2년은 학업과 발레를 병행할 수 있었는데 졸업할 때가 다가오면서 점점 춤추는 일이 부담스러워지는 거예요. 하버드는 입학보다 졸업이 더 어렵다고 하잖아요. 졸업을 위해선 잠시 활동을 멈춰야 했어요. 대학 졸업 후 다시 발레계로 돌아갔지만 20대 중반이 되고 나니 10대에 비해 좋은 역할을 맡기가 힘들어지더라고요. 그러면서 자연스레 은퇴를 준비하게 됐죠."

이제껏 자신이 꿈꿨던 세계적인 무대는 다 서봤기에 미련없이 떠날 수 있었다며 환하게 미소 짓는 그녀를 보고 있자니 어린 나이에 많은 꿈을 이루고 있는 모습에 얄미울 만큼 부러웠다.

"제 인생의 다음을 생각하기 시작했어요. 오래 전부터 저는 제가 좋아하는 일들을 합친 '어떤 일'을 하고 싶단 막연한 꿈을 갖고 있었죠. 발레리나란 이력이 가지고 있는 창조성Creativity과 대학에서 한 분야를 학문적으로 파고들었던 연구에 대한 열정을 접목한 비즈니스를 생각해보면 좋겠다고 생각했죠."

오랜 고민 끝에 생각해 낸 것이 피트니스 센터였다. 브린은 발레리나 활동을 하면서 7년간 용돈을 벌기 위해 피트니스 센터에서 시간이 날 때마다 아르바이트를 했다. 몸으로 부딪치며 피트니스 비즈니스에 대해 자연스럽게 배우게 됐다. 그 중에서 매 수업 수업료를 받고 예약제로만 운영되는 부띠끄 스타일의 스튜디오에 매력을 느꼈다. 정해진 시간이 아니라도 시간이 날 때마다 예약하고 지속적으로 한 가지 운동을 할 수 있다는 점에서 바쁜 뉴요커들에게 각광을 받고 있다는 점에 주목했다. 브린이 사업을 시작하기 전에 피트니스 스튜디오 시장은 포화상태였다. 치열한 경쟁을 뚫고 시장에 자리 잡기가 힘든 상황이었다.

하지만 브린은 2010년 가족과 친구들로부터 사업자금을 십시일반 투자받아 어퍼 이스트 사이드에 10명 정도밖에 수용할 수 없는 아주 작은 공간에서 비즈니스를 시작했다. 그런데 스튜디오를 시작한 지 불과 6개월도 안 돼 〈뉴욕New York〉 매거진에서 뽑은 '2011년 뉴욕에서 가장 핫한 운동법Hottest New Workout of 2011'에 선정될 정도로 뉴요커들에게 각광받는 브랜드로 성장시켜 놓았다.

그녀만의 운동법을 완성시키다

리파인 메쎄드가 단시간에 뉴요커에게 사랑받는 운동법이 된 데는 남들이 가는 뻔한 길은 가지 않겠다는 브린의 확고한 의지가 있었기 때문에 가능한 일이다.

"예약제로 운영되는 부띠크 스타일의 피트니스 스튜디오를 운영하겠단 결정을 하고 그 다음으로 생각한 건 어떤 프로그램으로 운영할 것인가에 대한 고민이었어요. 당시 대부분의 피트니스 스튜디오들은 유행에 굉장히 민감했거든요. 한때 신나는 댄스음악에 맞춰 자전거를 타는 싸이클링cycling 수업이 유행했던 적이 있어요. 그 당시 도시 전체가 너도나도 싸이클링 수업을 했죠. 그 열기가 식고 나서 다른 운동이 붐을 일으킬 때 대부분의 피트니스 센터는 또 새로운 운동에 맞춰 프로그램을 재구성하곤 했어요. 어떤 곳은 사람들의 눈을 현혹시키는 새 운동기구들을 앞세워 회원들을 끌어 모으기도 하고, 너무 상업적으로만 마케팅 하는 곳들이 수두룩했는데 저는 그렇게 트렌드에 민감한 상업적인 회사를 만들고 싶지 않았어요."

그 당시 브린이 느낀 피트니스 시장의 가장 큰 문제점은 운동법이 대중들에게 큰 효과를 끼치지 못했다는 것이다.

"아르바이트 하던 시절 고객 중에 하루도 빠지지 않고 열심히 나오는 수강생들이 있었어요. 자세도 정확히 따라 했고 열심히 다녔는데 3개월이 지나도 몸에는 아무런 변화가 없는 거예요. 고객들이 낙심해 하는 모습을 보고 그때부터 제가 가르치는 운동법에 대해 의구심이 들기 시작했죠."

평생을 발레리나로 살아온 브린은 효과가 없는 잘못된 운동법을 가르치고 있다는 사실에 자존심이 상했다. 그래서 제대로 된 운동을 가르쳐 줘야겠단 사명감으로 공부를 시작했다. '몸이 움직이는 원리'에 대해 파고들었고, 더 깊은 연구를 위해 1년 반 동안 미국 전역을 돌며 유명 운동 전문가와 전문운동선수 트레이너들을 만나 선수들을 훈련시키는 방법에 대해 직접 트레이닝 받고 지도 받았다.

"전국에 유명하다는 전문가들에게는 연락을 다 돌렸던 것 같아요. 그 중에 리파인 메쩌드 운동법을 만들어봐야겠단 첫 아이디어를 주신 분을 만났죠. 보스턴 레드삭스 야구팀 트레이닝을 담당하는 마이클 보일 코치님이셨어요. 선수들에게 활용하고 있는 트레이닝 기법과 과학적인 자료를 가르쳐주시며 대중들에게 맞는 운동법을 한번 만들어 보라고 조언해 주셨죠."

브린의 처음 목표는 제대로 된 운동법이 무엇인지 전문가들에게 트레이닝 받아 대중들에게 가르쳐줘야겠다는 것이었다. 하지만 전국 순회가 길어지면서 수집한 정보를 바탕으로 자신만의 운동법을 만들어야겠다는 아이디어를 갖기 시작했다. 전문가에게 받은 트레이닝과 연구자료를 기반으로 일반인 몸에 맞는 가장 효과적인 운동법을 만들어 '리파인 메쎄드'란 자신만의 브랜드를 만들어냈다.

"지금도 틈틈이 업데이트 되는 신체와 관련한 연구보고서들을 공부하거나 세미나를 찾아 다니고 있어요. 과거에 발표된 연구결과를 뒤엎는 결과가 발표되기도 해 지속적으로 공부해야 제대로 된 운동법을 만들어 낼 수 있거든요."

계속 변화하는 건 프로그램뿐만이 아니었다. 스튜디오에 들어서면 어디서도 본 적 없는 운동기기들이 벽에 새롭게 설치되고 있었다. 브린은 매년 분기별로 운동법이 바뀔 때마다 그에 맞게 디자인을 직접 해 설치하고 있었다.

리파인 메쎄드가 짧은 시간에 유행에 민감한 뉴요커들에게도 인정받을 수 있었던 것은 브린이 보인 전문성과 정직성 때문이라고 생각한다. 평생을 발레리나로 살아왔던 그녀의 무대 뒤 연습량은 무대 위의 기량으로 이어졌고, 끊임없이 변화를 시도하는 그녀의 노력은 결과를 배신하지 않는다는 진리를 온몸으로 보여주었다. 남이 하는 그대로를 따라하지 않고 고객에게 실제로 효과를 줄 수 있는 운동법을 개발한 끈기와 전문성이야말로 시장에서 빛을 발한 것이 아닌가 싶다.

브랜드를 지켜 나가기 위한 노력

리파인 메쎄드는 스튜디오를 오픈한 지 1년 후 손익분기점을 넘었다. 당장은 손해를 보더라도 믿을 수 있는 브랜드를 만드는 것이 중요하다는 브린의 신념이 빛을 발한 것이다. 리파인 메쎄드는 현재 뉴욕 곳곳으로 퍼져 나가고 있다.

브린은 초기에 맨하탄에서 브랜드 네임이 확고해 지고 있지만 여느 젊은 CEO와 마찬가지로 수익에 대한 불안감을 떨칠 수 없었다고 한다. 부띠끄 스타일의 스튜디오들이 점점 인기가 높아지면서 시장경쟁이 치열해 지고, 대기업에서 투자하는 스튜디오들이 이곳저곳 생겨나면서 브린과 같은 젊은 창업가들은 갈수록 경쟁하기에 힘이 부쳤다고 했다.

하지만 인터뷰 내내 브린의 얼굴에는 자신감이 넘쳤다. 오피스에 앉아 편히 일할 것 같은 이미지의 브린은 대표가 맞나 싶을 정도로 비즈니스에 열정을 기울인다. 스튜디오에 브린의 손길이 닿지 않는 곳이 없을 정도로 1인 다역을 소화하고 있다.

다른 강사들과 비슷한 수업 양을 소화하면서 틈틈이 연구보고서를 읽고 세미나를 좇아다니며 새로운 동작들을 끊임없이 개발하고 있다. 수강생들의 불만이나 질문 사항에도 직접 답장할 만큼 고객서비스에 많은 시간을 투자하고 있다. 직원수가 늘고 회사 규모가 커졌는 데도 락커실 청소와 정수기 물을 채워 넣는 사소한 일도 그녀의 손길이 닿지 않는 곳이 없다. 브린은 치열한 경쟁에서 살아남기 위해서는 필드에서 함께 일하며 자신이 해야 할 일과 직원들이 해야 할 일을 구분 지을 필요가 없다고 생각할 정도로 솔선수범한다.

그녀는 사업을 시작하고 하루도 제대로 쉬어 본 적이 없었다. 주말과 여름휴가도 5년간 반납했다. 오랜 교제 끝에 약혼식을 올린 약혼자와의 결혼식도 미루고 일에 올인할 정도로 열정을 쏟아 부었다. 스스로도 자신이 워커홀릭이라고 인정한다. 이제는 좀 여유를 가질 때가 되지 않았냐는 질문에 이렇게 답한다.

"어느 누가 본인이 낳은 아기를 혼자 내버려두겠어요?!"

리파인 메쎄드란 브랜드는 그녀가 산고 끝에 낳은 아기와 같다고 했다. 지금은 아기와 같은 브랜드를 잘 지켜 나가기 위해 더 많은 노력을 기울이고 있다.

수업시간만큼은 브린이 발레리나였던 사실을 잊게 된다.

한 때 온라인 쇼핑몰 창업이 붐을 일으켰다. 몇몇 사이트가 대박을 치면서 패션에 일가견이 있는 사람이라면 도전 안 해본 사람이 없을 정도다. 그리고 얼마 후 이런 소리가 들려왔다.

"지금은 시장이 포화상태라 온라인 쇼핑몰을 하면 망해!"

브린은 학교 후배들에게 자신의 성공 사례를 듣고 피트니스 사업을 시작하고 싶다는 전화를 많이 받는다고 한다. 하지만 정작 사업에 대해 진지하게 고민하고 공부하는 사람은 거의 없다고 한다. 심지어 파트타임으로라도 일해 본 경험이 없는 후배들이 대부분이라는 것이다.

'남들이 다 하니까. 트렌드니까. 누군가 성공했으니까. 나도 잘 할 자신이 있으니까.'

이런 생각부터 버려야 한다. 평생 몸을 움직이는 직업을 가졌던 브린은 이미 알고 있는 신체의 움직임에 대한 모든 지식들을 내려놓고 처음부터 다시 시작했다. 남들에게는 하루아침에 발레리나에서 성공한 사

업가로 변신한 모습으로 비춰질지 모르지만 브린은 이미 포화된 시장에서 살아남기 위해 공부를 했고 경험을 했다. 이 자양분을 바탕으로 어느 누구도 따라할 수 없는 자신만의 경쟁력 있는 브랜드를 창조했다.

아무리 포화된 시장에 선발주자가 아닌 후발주자로 도전하더라도 성공하는 이들이 있다. 시장에 대한 경험을 바탕으로 만든 나만의 상품을 앞세웠을 때 가능하다. 너무 단순한 원리지만 우리는 쉽게 간과하는 것 같다.

공부하자! 경험하자! 그리고 만들자!

나만의 브랜드를!

에리카&클레어
Erica cerulo&Claire mazur
Founder @Of A Kind
Founded in 2010
#이커머스 #신진디자이너

패션에 스토리를 품은 스토아
오브 어 카인드 클레어와 에리카

독특함을 추구하다

미국의 30% 이상의 패션 디자이너들이 뉴욕 소재의 디자인 스쿨에서 배출되고 있다. 지난 10년 사이에 패션을 공부하기 위해 뉴욕을 찾는 젊은이들이 34%나 증가했다. 세계 곳곳의 다양한 디자이너에 의해 만들어진 옷과 제품들이 뉴욕 곳곳에서 눈에 띄는 것은 당연한 일이다.

도심에는 종종 신진디자이너들의 물건을 판매하는 장이 서기도 한다. 운이 좋으면 주변 친구들을 통해 직접 구매할 수도 있다. 젊은 디자이너들이 많다 보니 자연스레 그들의 고충을 듣는 기회도 많았다.

쇼핑하는 사람들은 다양한 물건을 볼 수 있어 즐거울지 모르지만, 매년 수천 명의 전공자가 배출되고 있는데, 그들을 수용할 시장은 턱없이 부족하니 날로 치열해지는 현실에 힘들어 하는 친구들이 참 많았다. 각자 사이트를 만들어 온라인 샵을 운영해 보지만 지속적으로 수익을 내기 어렵다며 어려움을 토로한다.

이런 고충을 해결하기 위해 젊고 가능성 있는 디자이너들을 발굴하고 후원해 주는 플랫폼들이 하나둘씩 뉴욕을 중심으로 생겨나고 있다.

그 중에 내가 자주 방문했던 온라인 샵 중에 '오브 어 카인드Of a Kind'가 있다. 이곳은 옷과 악세사리를 판매하는 기존 이커머스e-commerce와는 좀 다르다. 신진 디자이너들로부터 한정된 에디션 제품만을 의뢰받아 판매한다. 또한 판매에만 그치지 않고 신진 디자이너의 홍보를 위해 제품제작 비하인드 스토리와 디자이너의 스토리를 잡지형식으로 함께 담아낸다. 제품과 구매자 간의 소통을 위해 노력하는 것이 이들이 만든 독특한 플랫폼이다.

대학교 동기로 만나 단짝이 된 두 사람이다. 패션에 대한 열정으로 졸업 후 5년만에 뭉쳐
'오브 어 카인드'를 세상에 내놓았다.

패션매니아 클레어와 에리카

시카고 대학 동기였던 클레어Claire Mazur와 에리카Erica Cerulo는 뉴욕에서 우연히 재회했다. 어릴 적부터 남달리 패션에 관심이 많아 대학에서도 패션매니아란 공통점으로 친해졌는데, 졸업 후 각자 다른 일을 하다 다시 만나게 된 것도 패션에 대한 식지 않은 열정 덕분이었다.

"저는 16살 때 DKNY에서 인턴십을 한 적이 있는데 그때 디자이너 도나카란을 직접 만나면서 패션 디자이너의 꿈을 꾸기 시작했어요. 에리카는 어릴 적부터 온갖 패션잡지를 정독했을 정도로 잡지 중독자였대요. 놀랍게도 에리카를 다시 뉴욕에서 만났을 때 패션 잡지사에서 에디터로 일을 하고 있더라고요. 저는 그 당시 아트 비즈니스 석사를 끝마치고 할 일을 알아보고 있는 중이었어요."

5년간 두 잡지사에서 근무하면서 새로운 도전을 해 보고 싶다 생각하던 시점에서 에리카는 클레어를 만나 비즈니스 아이디어와 최근 트렌드에 대해 이야기를 나눴다. 그러던 중 둘은 함께 창업을 하고 싶다는 뜻을 확인하고 패션과 관련한 스타트업을 시작하기로 약속한다.

그 날 집에 돌아가 12시간 동안 무려 스물다섯 통의 메일을 주고 받으며 비즈니스 계획을 짜기 시작했다. 다음 날은 각자의 회사 중간지점에서 점심시간에 만나 비즈니스에 대해 진지하게 대화를 나누며 구체

도나 카란 Donna Karan: 도나 카란은 뉴욕을 대표하는 패션 디자이너이너로 1985년 DKNY를 설립하였다.

적인 계획을 세워나갔다. 그때 주고 받았던 모든 이메일을 삭제하지 않고 간직하고 있다고 하는데 신기하게도 그 며칠 사이에 오갔던 모든 내용들이 정확히 실현되고 있다. 무슨 일이든지 의지가 분명하면 얼마든지 성공할 수 있다는 것을 두 여성이 보여주고 있다.

창업 계획은 굉장히 신속하게 이뤄졌다. 2010년 1월 처음 오브 어 카인드에 대한 아이디어를 내고 7개월간 회사를 다니면서 비즈니스 모델에 대해 브레인 스토밍을 해나갔다. 그리고 그해 8월에 회사를 그만두고 11월 사이트를 런칭했다.

"창업 전, 저희는 기본적으로 재능 있는 친구들이나 남들이 알지 못하는 좋은 아이템들을 발굴해서 사람들에게 알려주는 일을 하고 있었어요. 우리의 이런 성향을 바탕으로 비즈니스 방향을 잡은 거죠. 아직 잘 알려지지 않은 젊은 이머징 디자이너들에게는 자신의 제품을 세상에 내놓고 판매하거나 충성 고객을 만드는 일이 쉬운 일이 아니에요. 이런 친구들을 도와주는 플랫폼을 만들고 싶었죠. '오브 어 카인드' 비즈니스를 디자인하며 가장 큰 영감을 받은 곳이 제가 석사 공부를 하며 즐겨 찾던 사이트였어요. 젊은 이멀징 아티스트Emerging Artist의 프린트를 한정된 에디션으로 판매하는 20x200이에요. 이 플랫폼은 기존 미술 시장의 유통 구조를 변화시켰을 정도로 가능성이 있는 비즈니스 모델이란 생각에 그걸 패션 쪽으로 가지고 오면 어떨까란 생각을 한 거죠."

....

이멀징 아티스트 emerging artist: 신진작가
미술품 딜러 젠 백크만: 20x200은 미술품 딜러 젠 백크만Jen Bekman이 만든 미술품 이커머스 사이트로 작가들의 작품 판화Original prints를 적정한 가격에 한정 판매한다

비즈니스가 구체화되자 에리카와 클레어는 일일이 디자이너들을 찾아다니며 시장 조사를 했다. 미처 알지 못했던 도매업의 유통 구조며, 디자이너들이 만들어내는 제품 수량, 한정된 수량만 제작할 수 있는지 여부 등의 기본적인 사항을 물어가며 배워나갔다.

"디자이너들을 직접 만나보니 온라인 판매를 하며 겪는 어려움에 대해서도 들을 수 있었어요. 온라인 사이트를 제작하는 것도 쉽지 않지만 그것보다 더 힘든 것이 계속해서 수익을 내며 사이트를 운영하는 거라고 이야기하더군요. 더욱더 다양한 디자이너들의 제품을 확보해 사이트를 통해 판매하고 지속적으로 고객들과 관계를 맺어 갈 수 있도록 우리만의 장치를 만들어야겠단 생각을 하게 됐죠."

그렇게 찾은 해답은 멀리 있지 않았다. 수년간 패션 잡지사에서 에디터로 일한 클레어의 특기를 살려 각 디자이너들의 스토리를 제품에 입혀 함께 판매하는 방법을 선택한 것이다.

스토리를 입혀 가치를 만들다

세상에는 수만 개의 브랜드가 존재한다. 하지만 모든 이가 하나쯤은 소장하고 싶은 명품은 따로 있다. 그 명품을 명품으로 만드는 것이 바로 스토리텔링이다.

에리카와 클레어는 자신들이 선택한 디자이너들이 수많은 신진 디자이너들 사이에서 살아남을 수 있도록 '스토리텔링 기법'을 활용했다.

패션 잡지사에서 오랜 경력을 쌓은 에리카가 콘텐츠 편집 업무를 도맡아 디자이너들을 직접 인터뷰했다. 그들의 이야기와 제품 디자인에 숨어 있는 이야기를 엮어 스토리로 만들어 구매자들이 공유하게 했다.

"저희가 판매하고 있는 제품과 그 제품을 만든 디자이너의 이야기를 공유하는 것이 중요하다고 믿었죠. 사이트를 방문하고 제품을 구매하고자 하는 고객들은 제품에 대해 더 알고 싶어 하고, 디자이너들은 본인의 디자인을 대중들이 더 많이 이해하길 원하죠. 상업활동은 거래하는 양쪽 모두에게 감정적인 경험이고 그 경험은 스토리텔링을 통해 깊이가 극대화 된다고 믿은 거예요. 예를 들어 손으로 직접 떠 만든 털모자가 제작되는 동안 디자이너들이 얼마나 많은 노력과 열정을 담아야 했는지에 대해, 혹은 목걸이를 만들기 위해 얼마나 긴 시간을 투자했는지를 잠깐이라도 보여준다면 제품을 바라보는 구매자의 시선이 달라지게 되는 거죠."

에리카와 클레어는 고객을 상대로 설문조사를 실시한 적이 있었다. 고객 중 84%가 사이트에서 제공하는 스토리텔링으로 이뤄진 콘텐츠를 챙겨봤고, 구매 결정시 콘텐츠가 가장 큰 역할을 했다고 답했다고 한다. 가끔 값이 비싼 디자이너 제품 가격에 불만이 있던 고객들도 디자인에 담긴 스토리를 읽은 후 합리적인 가격이라 이해하고 받아 들이는 경험을 통해 스토리의 힘을 재삼 확인한 것이다.

그들도 처음에는 스토리로 콘텐츠를 싣는 방법이 얼마나 통할까 의심을 했었단다. 에리카 혼자 일일이 디자이너를 만나 인터뷰 하고, 글을 편집하는 것은 보통 일이 아니었지만 시간을 들이고 노력한 만큼 결과가 따라줬다. 현재는 콘텐츠와 커머스를 합친 오브 어 카인드의 메인 비즈니스 모델을 완성시켰다.

오브 어 카인드는 2010년 11월 가족과 친구들로부터 받은 1억 원의 투자금으로 시작해 3년만에 12억원의 매출을 올리는 회사로 성장했다. 2015년 오브 어 카인드는 미국 최대 생활용품 기업 '베드 배쓰 앤 비욘드Bed Bath & Beyond'에 인수합병됐다.

2010년 8월, 다니던 회사를 그만 둔 그 날, 미래에 대한 두려움에 샤워 부스에서 아기처럼 쭈구리고 앉아 엉엉 울었다는 스물여섯의 클레어는 2014년 포브지Forbes가 뽑은 주목할 30세 이하 30인에 당당히 이름을 올리며 보장되지 않은 미래에 도전하며 두려워하는 후배들에게 귀감이 되고 있다.

내가 만나왔던 대부분의 스타트업 창업가들은 적게는 둘이서 많게는 네 명 이상이 짝을 이뤄 공동창업을 했다. 공동창업이 단독창업보다 성공률이 높다는 MIT연구 결과는 널리 알려져 있다. 심지어 스타트업 베스트셀러 중에서도 〈창업을 원하는가? 먼저 파트너부터 구하라〉는 제목이 있지 않은가! 공동 창업은 살아남기 힘든 창업 시장에서 부담감을 나눌 수 있고, 나와 다른 강점을 가진 파트너들과 힘을 합쳐 시너지 효과를 낼 수 있다는 장점이 있다.

〈업스타츠UpStarts〉의 저자 도나 펜Donna Fen은 젊은이들이 공동창업을 하는 이유를 다음과 같이 설명한다.

"현재 트렌드를 이끄는 젊은 세대를 Y세대라 하는데, 이들은 콜라보레이션 교육을 받으며 자라온 세대라 팀워크가 제2의 천성이다. 어릴 적부터 플레이 데이트, 축구 게임, 팀별 과학 프로젝트 등과 같이 팀웍teamwork을 이루는 과정이 재밌고 생산적이란 개념을 갖추고 있다. 따라서 어른이 돼서도 자연스레 팀웍으로 비즈니스를 하는 걸 당연시 여긴다."

　에리카와 클레어는 아무리 친한 사이라도 매번 같이 붙어 있으면 싸우기도 하고 지겨울 법도 한데 둘은 몇 년간 매일같이 붙어 있으면서도 유난히 사이가 좋다. 그 비결은 창업 초기 만들어 놓은 두 가지 룰이 있었기 때문이다.

　첫째, 둘은 각자의 역할을 조목조목 엑셀시트에 적어 공유했고 각자 맡은 일은 무슨 일이 있어도 스스로 책임지자는 룰을 정했다. 이것은 같은 일을 두 번씩 할 수 있게 되는 비효율성을 방지하고 서로의 영역을 침범하지 않아 부딪힐 일을 줄이는 이중효과를 발휘했다.

　둘째, 아무리 일이 많아도 서로만의 공간과 시간을 갖자고 했다. 주중에는 매일 붙어 있을 수밖에 없어도 주말만큼은 급한 일이 아닌 이상 연락을 하지 않는다고 한다. 서로를 배려하고 관계를 위한 끊임없는 노력이야말로 클레어와 에리카가 변함없는 관계를 지속해 나가는 비결이라고 한다. 공동 창업자를 찾고 함께 비즈니스를 꾸려나가는 과정을 평생 함께 할 배우자를 찾는 과정에 비유한다. 그만큼 좋은 비즈니스를 유지시키기 위해서는 서로 인내하고, 양보하며, 절충안을 찾아가는 동업자가 필요하다는 것이다. 창업을 하려면 먼저 배우자를 찾는 마음으로 공동 창업자를 찾는데 심혈을 기울이는 것도 좋은 방법이다.

톰&일란&마보드
Tom Lehman & Ilan Zechory & Mahbod Moghadam
Founder @Genius
Founded in 2009
#랩 #각주

{ 힙합 매니아 560억 원 투자받다 }
지니어스의 세 공동창업가들

집단지성Collective Intelligence의 시대

〈더 뉴요커The New Yorker〉에 10여 년 전 할머니가 돌아가시기 며칠 전에 쓰셨다는 유서를 판독해 달라는 내용의 SNS포스팅에 대해 기사가 실렸다.

게시판에 이해하기 힘든 알파벳이 적힌 종이 한 장과 암호를 푸는데 단서가 될 만한 할머니와 관련된 신상정보가 올려진 상태에서 12분이 지났다. 한두 명씩 할머니의 글을 한 글자 한 글자 판독해 나가기 시작했고 한 시간이 채 되지 않아 대략적인 글의 내용이 모습을 드러냈다. 10년간 한 가족이 안고 있는 미스터리가 대중의 힘으로 풀리는 순간이었다.

우리는 지금 대중이 협업하거나 경쟁을 통해 결과물을 만들어내는 집단지성의 시대에 살고 있다.

사용자가 생산자인 동시에 소비자가 콘텐츠를 혁신하는 웹2.0시대의 시작과 소셜네트워크 SNS를 통한 편리한 대중간의 소통은 집단지성의 빠른 확산을 촉진시켰다. 그리고 지금은 이를 활용한 다양한 온라인 플랫폼들이 생겨났다. 가장 대표적인 것이 2001년 서비스를 시작해 열풍을 일으킨 위키피디아Wikipedia 온라인 백과사전이다. 위키피디아는 누구든지 인터넷에 접속해 직접 지식과 정보를 올리고 기존에 등록된 정보를 수정, 보완할 수 있는 열린 백과사전이다.

이와 같은 예로 무엇이든 물어보면 누군가 답을 해주는 네이버의 지식iN 서비스가 있다. 지식iN은 네이버가 대한민국을 대표하는 검색엔진으로 자리 잡을 수 있게 발판을 마련해준 효자 서비스였다.

"백지장도 맞들면 낫다.Two heads are better than one."

지금은 대중들의 지적능력을 함께 모아 결과물을 만들어내는 다양한 플랫폼들이 많이 만들어지고 있다. 혼자의 힘보다 다수의 힘이 큰 효과를 발휘한다는 것이 증명되고 있는 시대다.

집단지성 Collective Intelligence: 집단지성은 1910년 곤충학자 윌리엄 휠러William Morton Wheeler에 의해 처음 제시된 말이다. 개미는 하나의 개체로서는 미미한 존재이지만 공동체를 이뤄 협업할 때 거대한 개미집을 만들어내는 등 군집활동을 통해 높은 지능체계를 형성하는 힘을 보여주는 데서 나온 개념이다.

지니어스의 탄생 과정

"구글과 마크 쥬크버그가 뿔났다."
"구글 검색엔진에서 쫓겨났다."
"구글에게 벌 받다."

랩 지니어스를 다루는 기사의 헤드라인들이다. 나는 연일 매스컴에 오르내리는 랩 지니어스의 기사를 무시할 수 없어 기사검색에 들어갔었다. '도대체 무슨 잘못을 했길래 그랬을까?'

헤드라인만 봤을 때는 이런 생각이 들었다. 그만큼 강렬한 자극을 주는 내용이었다.

톰과 일란, 마보드는 예일대학교 동기다. 힙합 매니아라는 공통점으로 대학시절에 삼총사처럼 붙어다녔다. 셋 다 개성이 강하고 본인의 주장을 필터 없이 내뱉는 성격이었다. 이렇게 거침없는 언행으로 뉴욕 IT 업계의 악동들이란 이미지를 갖게 되었지만, 그만큼 많은 관심을 독차지 하고 있었다. 이들이 개발한 랩 지니어스의 플랫폼은 누구나 인정하는 천재성을 발휘하고 있다.

랩 지니어스에 대한 구상은 2009년에 삼총사가 요가 매트를 이불 삼아 함께 살고 있을 때 떠올렸다고 한다.

"어느 날 제가 톰에게 랩퍼 캠론의 노래 'Family Ties'의 한 구절을 설명해 주고 있었어요. '네 셔츠에 난 80개의 구멍들: 네 자메이카 옷 말이야.80 holes in your shirt: there, your own Jamaican Clothes'란 구절이었는데 여기서 자메이카인들의 옷이 무엇을 의미하는지 궁금했어요. 그 당시 저는 가사의 의미가 '빈곤하게 사는 자메이카인이 입은 낡은 옷'일 거라고 이야기했는데 나중에 알고 보니 제가 틀렸더라고요."

* photo credit by Margarita Corporan

이것을 계기로 톰은 애매모호하거나 이중적인 의미를 가진 힙합 랩 가사를 해석해주는 사이트 랩 지니어스를 만들면 어떨까란 생각을 하게되었다. 시장에는 노래 가사를 제공해주고 그 의미를 텍스트로 해석해주는 플랫폼이 존재하고 있었다.

그래서 이들은 기존의 플랫폼들과 차별을 두기 위해 '위키피디아스럽게', 크라우드소싱Crowdsourcing의 방법을 활용했다. 웹사이트를 방문하는 그 누구라도 쉽게 랩 가사를 글, 이미지, 동영상 등을 활용해 주석을 달 수 있게 만들었다. 25만 명이 넘는 미국, 브라질, 프랑스, 독일을 중심으로 한 전 세계인이 플랫폼에서 활발히 활동하고 있고, 매달 20억 명의 순방문자가 있을 정도로 선풍적인 인기를 끌었다.

창업 초기에는 힙합에만 제한을 두었다. 그래서 이름도 랩 지니어스라 지었다. 그런데 점점 시간이 지나며 랩 이외에도 대중들이 주석을 달고 싶어하는 콘텐츠들이 많다는 걸 알게 됐다. 힙합 장르의 랩이라는 한정된 분야에서 시작했지만 지금은 인터넷상의 존재하는 모든 텍스트에 주석을 달 수 있는 플랫폼으로 확장했다.

현재는 문학, 뉴스, 락, 패션, 법문서, 스포츠 등 다양한 분야를 다루며 회사 이름도 '랩 지니어스'에서 랩을 뺀 '지니어스'로 변경했다.

세상의 해석이 필요한 모든 분야의 텍스트는 전부 지니어스 플랫폼을 통해 해석되어질 거라고 믿는 세 사람은 자신들이 창조한 랩 지니어스가 인터넷 역사를 바꿀 만한 창조품이라 믿고 있다.

크라우드소싱 crowdsourcing: 대중(Crowd)과 외부발주(Outsourcing)의 합성어로, 제품이나 창작물 생산과정에 대중을 참여시키는 방식을 말한다.

"대학을 졸업하고 곧바로 지니어스를 만드는데 전력투구한 건 아니에요. 아이디어와 플랫폼에 대한 열정은 있었지만 서로 커리어를 쌓아가기 바빴죠. 그래서 지니어스는 일하면서 시간이 날 때마다 작업하는 사이드 프로젝트side project 정도로밖에 생각하지 않았어요. 이게 사업화 될 거라고 생각해 본 적이 없었거든요. 그런데 마보드는 매번 말버릇처럼 이 플랫폼이 한 달에 500만 원 정도만 벌어준다면 셋 다 일을 그만두자고 이야기했었죠."

톰은 졸업 후 디이쇼D.E. Shaw & Co라는 세계적인 헤지펀드사에서 일했고, 일란은 꿈의 직장 구글에서 구글러로 일하고 있었다. 그리고 마보드는 스탠포드 로스쿨을 졸업 후 변호사로 활동 중이었다. 셋 다 안정된 직장에 미래가 보장된 본업이 있었기에 굳이 미래를 장담할 수 없는 일을 시작할 이유가 없었다. 하지만 그들은 아이디어를 구상한 지 2년 뒤인 2011년에 하나로 뭉쳤다. 세계적인 스타트업 엑셀러레이터 프로그램 중 하나인 '와이 콤비네이터Y Combinator'에 합격한 것이 결정적인 계기였다. 치열한 경쟁률을 뚫고 보니 지니어스의 미래성과 수익성에 확신을 가질 수 있었다.

그들은 합격과 동시에 각자의 일을 그만두고 지니어스를 사업화 시키는데 집중하기 시작했다. Y콤비네이터에서의 과정이 끝나는 마지막 날 모든 참가 팀들이 투자자들 앞에서 제품을 소개하는 '데모데이 demo day'에서 가장 빠른 성장을 이룬 팀이란 영예를 안으며 그들의 사

스타트업 엑셀러레이터 Startup Accelerator: 엑셀러레이터의 사전적 의미는 자동차의 가속장치를 이야기한다. 스타트업 엑셀러레이터는 스타트업 기업의 빠른 성장을 위해 필요한 자금과 비즈니스 전략과 인사이트 등을 중심으로 한 멘토링을 지원해 주는 프로그램을 말한다.
데모데이 demo day: 3~4개월간의 스타트업 엑셀러레이터 프로그램이 끝나고 나면 언론과 투자사를 상대로 사업 아이디어를 발표하는 자리를 말한다.

업 구상은 더욱 날개를 달았다.

트러블 메이커 지니어스

Y콤비네이터에서 수석 졸업을 했기에 사회에서도 최고가 될 수 있을 거란 자만심 때문이었을까? 지니어스는 2013년 언론의 질타를 받는 사건을 연일 터뜨리고 만다.

랩 지니어스를 구글 검색 상위에 노출시키기 위해 부도덕한 방법을 썼다는 게 밝혀진 것이다. 이 일을 계기로 랩 지니어스는 검색순위에서 하위로 밀려나는 처벌을 받았다.

마보드는 사람들에게 트위터로 블로그 홍보를 해 줄 테니 대신 블로그에 본인이 보내준 링크들을 포스팅 해달라고 요청을 했다. 그가 보내준 링크는 모두 랩 지니어스를 검색 상위로 올라가게 하는 것이었다.

그들은 구글의 처벌을 받게 되자 사이트를 하루 빨리 성장시키고 싶은 욕심에 옳지 못한 방법을 선택했다며 사과를 했다. 그렇게 해프닝으로 일단락 되는가 싶었는데, 이번에는 또 다른 IT업계의 거물인 페이스북사와 틀어지는 일이 생겼다.

마보드가 투자자의 집에서 랩퍼 나스Nas와 페이스북 창업자 마크 쥬크버그와 술 한 잔을 했다. 마보드는 마크에게 사진을 찍고 싶다고 몇 번 이야기했는데 거절을 당하자 술김에 몰래 사진을 찍어 SNS에 올렸다. 언론사들이 그가 찍은 사진을 보도하기 시작했고 페이스북사 PR팀에서는 5초 간격으로 삭제 요청을 해왔다. 이에 마보드는 바로 사진을 삭제하고 사과를 하긴 했는데, 문제는 사과 후 가진 인터뷰에서 터졌다.

"왜 이렇게 민감하게 반응하는지 모르겠다."

쥬크버그를 향해 이렇게 말하며 욕설 섞인 말을 내뱉어 사람들의 눈살을 찌푸리게 한 것이다. 공동 창업자 중 특히 마보드의 말과 행동이 점점 과격해 지면서 사람들은 그를 걱정하기 시작했다. 몇 달 전에 뽑은 사랑니 때문에 두통에 시달리고 있던 마보드는 결국 병원을 찾아 정밀 검사를 받았고 얼마 후 청천벽력과 같은 진단을 받았다. 뇌에 종양이 발견됐다는 것이다. 그의 비이성적이고 공격적인 언행은 몸에 이상이 생기며 인내심 없이 내뱉은 말 때문이었던 것 같다며 후회하는 듯했지만, 이내 본인의 농담이 농담으로 받아들여지지 않을 때가 제일 안타깝다며, 오히려 래퍼와 같은 직설적인 화법이 IT 업계에서 성공할 수 있었던 이유라며, 굳이 변하고 싶지 않다는 소신 있는 발언을 하면서 다시 한 번 악동의 끼를 유감없이 발휘했다.

투자도 단계별로

스타트업을 대형기업으로 키우는 과정은 나무를 심는 과정에 많이 비유한다. 씨앗을 땅에 심으면 새싹이 나고, 거름을 줘서 정성을 들여 가꾸면 커다란 나무로 자라는 과정을 떠올리면 이해가 될 것이다. 나무가 무럭무럭 자라기 위해서는 적정한 시기에 적당한 양의 물과 거름이 필요하듯 스타트업도 성장하기 위해서는 단계에 따라 유입되는 적당한 양의 투자금이 있어야 한다.

스타트업의 초기 투자는 크게 3단계로 나뉜다.

첫째, 프리시드머니Pre-seed money 단계다. 함께 창업하는 멤버들이 자체적으로 자금을 동원하거나, 3F(친구Friend, 가족Family, 바보Fool)로부터 초기 자본을 지원 받는 단계다. 제품이나 서비스 아이디어를 검증하는 초기 단계다.

둘째, 시드라운드Seed Round 단계다. 아이디어를 실현시켜 프로토타입prototype, 혹은 서비스 베타 버전beta version 출시를 위한 자금을 모으는 단계다. 정부나 사설 기관, 혹은 엔젤투자를 받는 게 보통이다.

프로토타입 prototype: 본격적인 상품화에 앞서 성능을 검증 후 개선하기 위해 핵심 기능만 넣어 제작한 기본 모델을 이야기한다. 시제품 혹은 견본품이라고도 한다.
베타 버전Beta Version: 소프트웨어를 정식으로 발표하기 전 미처 발견하지 못한 오류를 찾아내기 위해 특정 사용자들에게 먼저 배포하는 시험용 소프트웨어를 말한다.

셋째, 시리즈A 단계가 있다. 프로토타입이나 베타 버전을 통해 초기 시장의 반응을 본 후 정식 서비스 버전을 출시하고 사업을 확장하기 위한 단계이다. A라운드부터는 이전 단계와는 다르게 벤처투자자들로부터 억 단위로 투자를 받는다. 이 단계에서는 주로 누구에게 투자를 받았는지에 따라 사업 성장에 도움을 받을 수 있고, 시리즈 B, C 단계까지 이어지게 하는 굉장히 중요한 단계다.

　지니어스는 지난 8년간 시리즈 B까지 총 560억 원을 투자 받았다. 그 중에서도 시리즈A라운드에서 많은 이들을 놀라게 했다. 벤처캐피탈사 중에서도 가장 명성 높은 VC(벤처캐피탈의 줄임말)로부터 150억 원이라는 어마어마한 투자금을 투자 받았기 때문이다.

　사람들은 랩이라는 소수의 집단에게만 인기 있는 분야의 플랫폼이 어떻게 고액의 투자를 받을 수 있었는지 의아해했다.

　시리즈A에 투자를 한 회사는 안드레센-호로비츠라는 회사로 마크 안드레센과 벤 호로비츠가 공동 창립한 벤처캐피털사다. 안드레센은 IT업계에서 초기 인터넷 브라우저 넷스케이프Netscape를 창업한 투자자로 IT업계의 전설 같은 인물이다. 그는 처음에 랩 지니어스의 컨셉에 대해 굉장히 회의적이었다고 한다. 이들에게 관심을 먼저 가진 사람은 랩을 즐겨 하는 비즈니스 파트너 호로비츠였다. 그는 처음에 랩 지니어스를 접하고 사이트에 중독됐을 정도로 빠져들었다. 그 후에 안드레센도 동업자를 통해 지니어스에 관심을 갖기 시작했고, 자신이 이루고자 했던 목표를 지니어스 친구들이 실현해 주고 있는 것에 매력을 느끼기 시작했다.

안드레센은 브라우저에 나오는 모든 텍스트에 유저들이 주석을 다는 서비스를 만들고 싶었지만 1990년대 기술력의 한계에 부딪쳐 실패한 적이 있었다.

그런데 그 일을 15년이 지난 후에 랩 지니어스가 해내는 것에 매력을 느끼고 투자를 하게 된 것이다.

"2011년 8월 25일날 처음으로 제대로 된 투자자와 미팅이 잡혀 있었어요. 러시아계 투자자였는데 굉장히 캐주얼한 분위기로 이야기 꽃을 피웠죠. 초기에 지니어스에 대해 잠깐 이야기하다 요즘 뜨고 있는 브루클린의 윌리엄스버그에 대해, 유명한 프로듀서랑 휴가 다녀온 이야기 등 굉장히 일상적인 이야기가 주를 이룰 만큼 편안한 자리였어요. 그러다 대화가 끝날 때쯤 드디어 물어보더군요. 회사 밸루에이션 Valuation이 얼마냐고. 사전에 이미 준비를 했었고, 예상했던 질문인데 순간 말문이 막히는 거예요. 분명히 최대한 높은 금액을 이야기하려고 준비했는데 액수를 이야기하려니 온갖 생각들이 스쳐지나가는 거죠. 그런데, 여기까지 오느라 거쳐야 했던 힘든 과정과 앞으로 가야 할 여정에 대해 생각하고 나니 평정심을 되찾을 수 있었어요. 지금 이 순간 제일 중요한 건 제품에 대한 칭찬을 덧붙여 이야기하는 것보다 서비스에 대한 열정과 에너지 넘치는 자신감을 내비치는 게 가장 중요하단 걸 깨달았죠. 투자자를 보고 이야기할 때는 가장 중요한 게 자신감

밸류에이션 Valuation: 해당 기업이 가진 가치를 말한다. 향후 얼마나 수익성이 있을지를 예상해 현 시점의 현금 가치로 환산한 값을 이야기한다.

인 것 같아요. 흔들림 없는 눈빛으로 투자자 눈을 바라보며 말할 수 있는 최대한의 투자액을 이야기하는 거죠. 그날 저희가 제시한 금액은 170억 원이었어요."

자신감이 너무 과했나 보다. 지니어스는 2011년 시드라운드에서 받은 투자금은 170억 원에 근접하지도 않는 18억 원에 그쳤다.

그 다음 이뤄진 A라운드는 시드머니 단계와 완전히 다른 종류의 미팅이었다. 자신감만으로는 어림도 없는 과정이었다며 혀를 내둘렀다. 웹사이트에 대한 장점을 이야기 하는 것보다 매번 투자자를 만날 때마다 150억 원의 투자금이 필요한 이유를 말하는 것이 더 힘들었다고 한다. 투자자와 친밀한 관계를 쌓아가며 설득하는 과정은 오랜 시간을 필요로 했다. 그렇게 지니어스는 목표했던 150억 원을 투자 받았다.

"시리즈 A에서 받은 돈은 대부분 윌리엄스버그에 있는 랩 지니어스 사무실을 만드는데 쓰였고, 나머지는 각 팀원들의 월급으로 나갔어요. 투자 받은 다음 날은 평소보다 한 4배는 더 열심히 일에 매진한 것 같아요. 투자를 받은 만큼 회사를 성장시켜야 된다는 부담감도 따라오니까요."

그 이후에도 지니어스는 랩퍼 나스와 에미넴 등의 굴지의 랩퍼들에게 투자를 받으며 이름은 랩지니어스에서 지니어스로 바뀌었어도 처음 랩을 위해 만들어진 만큼 랩퍼들의 사랑을 독차지하고 있는 중이다.

성공을 위한 확신

지니어스의 공동 창립자 세 명이 악동이란 타이틀을 갖게 된 것도, 최고의 명성을 자랑하는 투자자들로부터 거액의 투자를 받을 수 있었던 것도 따지고 보면 이들이 갖고 있는 자신감에 근거한다.

스타트업들의 결말은 크게 두 가지 모습을 보인다.

첫째는 페이스북과 트위터처럼 기업공개IPO를 하는 경우이고, 둘째는 기업공개된 기업에 인수되거나 매각되는 경우다.

상장되는 기업의 수는 그리 많지 않지만 "잘 나가는 스타트업들이 대형 회사에 어마어마한 금액에 매각됐다"라는 기사를 종종 볼 수 있다.

현재까지 가장 큰 이슈는 모바일 메신저 와츠앱Whats app이 페이스북사에 20조 원에 인수됐다는 것이다. 와츠앱의 창업자 중 한 명은 몇 년 전 페이스북사에 입사 지원을 했다 거절당하고 와츠앱을 만들어 성공신화를 썼다는 일화가 알려지면서 스타트업에 도전하는 젊은 CEO들에게 희망을 안겨 주기도 했다.

많은 젊은이들이 창업할 때 기업이 상장될 거란 원대한 꿈을 가지고 시

기업공개 IPO: 기업의 자본 공개를 이야기한다. 기업 경영의 전반적인 정보를 일반인들에게 공시하는 상태를 이야기한다.

작한다. 하지만 스타트업을 시작하고 생존을 위해 바쁘게 달려가다 보면 점점 거액을 받고 누군가 매각해갔으면 좋겠다는 생각을 하는 경우도 많다. 젊은 나이에 매각 조건으로 제시된 거액을 단번에 거절할 수 있는 창업가들이 몇이나 될까? 하지만 지니어스의 동업자 셋의 마음은 확고했다.

"어떤 상황이 온다하더라도 지니어스를 팔 생각은 없어요. 어느 아기 엄마가 자신의 아이를 팔겠어요?"

매각해서 거액을 받을 계획은 없냐는 질문을 했을 때 단호하게 반문하는 소리를 들으며 괜시리 질문한 내가 머쓱해졌다.

"지니어스가 상장되는 날이 정말 기다려져요. 티커심벌Ticker Symbol에 뭐가 어울릴까요? RAPG? RG? GNUS? 현재 머릿속에 수많은 이름들을 그려놓으며 준비하고 있어요."

이들은 항상 상장될 날을 머릿속에 그리며 일하고 있었다. 나도 모르게 왠지 이들의 당찬 자신감에 지니어스가 곧 상장될 거란 생각을 갖게 되었다.

하지만 불행하게도, 세 창업자 중 트러블메이커였던 마보드는 2014

티커심벌 Ticker Symbol: 증권을 주식호가 시스템에 표시할 때, 사용하는 약어이다. 예를 들어 구글은 GOOGL, 마크로소프트사는 MSFT, 페이스북은 FB로 나타낸다.

년 일어난 총기 사건 기사에 부적절한 주석을 달며 사회적인 파장을 일으켰다. 그는 그렇게 자신이 만든 회사에서 해고 당했다.

젊은이들이 가진 지나친 자신감은 기업의 빠른 성장을 이루는데 약이 될 수 있지만, 때로는 자신감이 통제되지 않으면 오히려 독약이 될 수 있다는 교훈을 남겼다. 성공으로 가는 길도 어렵지만 그것을 유지해 나가기 위한 젊은 창업가들의 노력도 결코 쉽지 않다는 것을 보여준다.

1년 전 2000만 원 자비로 창업을 했다. 그 자금으로 프로토타입을 만들고 운영을 하다 보니 정확히 10개월 후 잔고가 0원이 됐다. 그제서야 투자유치를 위해 피칭 자료를 만들고 투자자들을 찾아다니며 피칭을 하기 시작했다. 매번 거절 당할 때면 내 서비스에 문제가 있는 건지 우리 피칭에 문제가 있는 건지 점점 자신감은 바닥으로 향했다. 대수롭지 않게 듣던 100억 원 이상을 투자받은 기업의 위대함을 실제 내가 투자유치를 위해 뛰어보고 부딪쳐보니 실감할 수 있었다.

지니어스는 마보드의 공백으로 잠시 주춤하는가 싶었지만, 두 창업자에 의해 추가적인 400억 원의 투자유치와 새로운 지니어스 버전 서비스를 출시하면서 사업 확장에 박차를 가하고 있다.

이들의 비결은 무엇일까를 생각하던 중 마보드와의 대화 속에서 그 해답을 찾을 수 있었다. 그들은 자신의 사업에 200퍼센트 확신을 갖고 있었다. 그렇기 때문에 투자유치에 나설 때 항상 자신감 있는 모습을 보였다.

투자자는 상품의 질도 중요하게 여기지만, 그것 못지않게 사업자의 생각 그리고 마인드를 가장 중요하게 여긴다. 솔직히 투자자들도 무엇이 성공할지는 아무도 장담할 수 없기 때문이다.

　그렇다보니 아무리 좋은 상품이라 생각해도 창업가가 자신감을 비치지 못하면 안심하고 투자할 수 없다. 사업을 시작할 때는 먼저 자신부터 자신의 일에 확고한 자신감을 갖는 것이 중요하다. 그래야 투자유치에도 자신감 있는 모습으로 나설 수 있기 때문이다.

　이건 정말 간단한 원리다. 만약 내가 투자자라면 수많은 거절에 자신의 제품이 가치 있는지 조금이라도 의심을 하는 팀에게 투자를 하겠는가? 자신감 있게 투자유치하는 팀에게 투자를 하겠는가? 답은 간단하다.

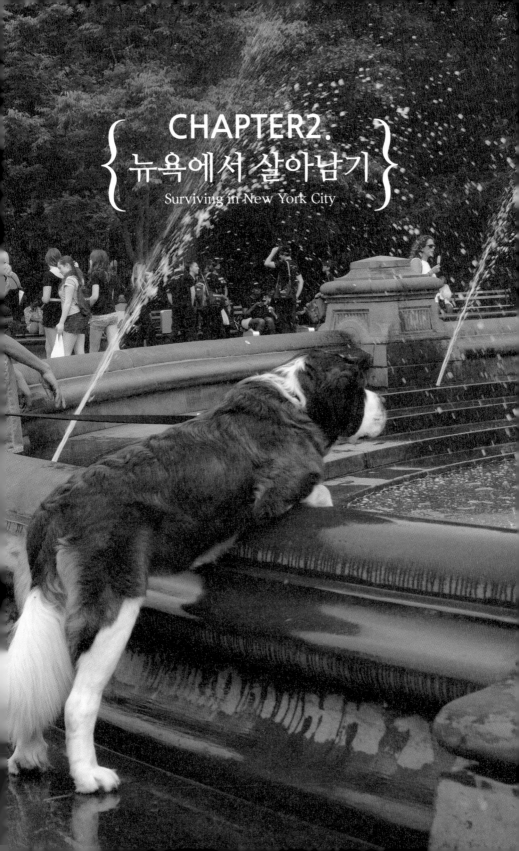

CHAPTER2.
{ 뉴욕에서 살아남기 }
Surviving in New York City

알렉산드로 루쏘 AleJandro Russo
Founder @Klooff
Founded in 2012
#애완동물

{ 젊음이 가진 선물 : 열정과 패기! }
크룹의 알렉산드로 루쏘

펫러버들의 도시 뉴욕

"부의 척도는 무엇일까?"

"여러분은 부의 기준으로 무엇을 봅니까?"

한국에서는 그 사람이 타고 다니는 자동차 브랜드를 보고 가늠하는 경우가 많다. 뉴욕 맨하탄에는 자동차를 굴리는 사람들이 생각보다 많지 않다. 유지비가 많이 들 뿐만 아니라 불편함이 많다. 일방통행이 많고 도로가 자주 막혀 대중교통을 이용하거나 격자 무늬로 잘 구획된 거리를 걸어 다니는 것보다 자동차 이동이 비효율적일 수 있기 때문이다. 따라서 뉴욕에서는 자동차로 그 사람의 부를 가늠할 수가 없다.

그렇다면 뉴요커들의 부의 척도는 무엇으로 가늠할 수 있을까? 바로 애완견의 크기다. 우리로서는 믿기 힘든 일이지만, 뉴욕을 여행해 본 사람들이라면 한국에서는 보기 힘든 사람 크기만한 개인지 짐승인지 한눈에 알아보기 힘든 애완견을 끌고 다니는 뉴요커를 한두 번은 목격했을 거다.

맨하탄의 살인적인 부동산 사정에도 덩치 큰 애완견을 기르고 있다는 건 본인이 그만큼 넓은 집에 살고 있다는 것을 보여주는 과시욕이라고 말하는 이도 있다. 애완동물을 보고 부를 판단할 수 있다는 말이 나오는 것은 그만큼 뉴요커들이 애완견을 기르는 숫자가 많다는 것을 보여준다. 뉴욕시 통계에 따르면 3가구당 1가구가 애완동물을 기르고, 애완동물에게 쏟는 한 달 비용이 135달러(한화 14만 원)라고 한다. 뉴요커들의 애완동물 사랑이 남다르단 걸 알 수 있는 통계다. 또한 뉴욕은 독신자들이 대거 거주하고 있는 도시 특성상 외로움을 달래줄 상대로 애완동물을 선택한 것으로 볼 수 있다.

뉴요커들의 애완동물 사랑은 가끔 애정이 너무 지나치다 싶을 정도로 유별나다. 강아지들이 더러운 땅을 걷는 게 싫어 유모차에 태워 산책을 하는 사람도 있고, 본인과 강아지 옷을 커플룩으로 맞춰 입고 산책하는 사람도 있다. 가끔은 자기 한 입 강아지 한 입 베어 물며 음식을 사이좋게 나눠 먹는 광경도 목격된다. 금융맨들이 많이 사는 월가 주변에는 자신의 덩치에 안 맞는 귀엽고 앙증맞은 강아지를 산책시키며 여성의 마음을 사로잡아 전화번호를 받아내려는 남성들도 많다. 강아지를 사랑의 큐피트로 이용하는 외로운 솔로남들이다.

뉴요커의 지나친 동물 사랑은 사이버 세계로까지 이어진다. 세계적으로 자신의 SNS를 애완동물의 사진으로 도배하고 있거나 혹은 애완동물의 이름으로 소셜네트워크에 가입해 운영하는 사람들이 많다. 따라서 이들만을 위한 맞춤식 소셜 플랫폼의 필요성을 인식한 사람이 생기는 것은 당연한 일이다.

애완인들의 소셜미디어 크룹!

학교 수업이 여느 때보다 일찍 끝난 날이다. 매달 경영 잡지에 연재하고 있는 '뉴욕의 젊은 시이오' 기사 마감일이 얼마 남지 않아 곧바로 학교 도서관으로 향했다. 얼마 전에 인터뷰 했던 CEO는 기사로 쓰기에 스토리가 약해서 대체할 인물을 찾아야 했다. 리서치를 하던 중 재미난 기사 하나를 찾았다.

'뉴욕에서 주목해야 할 스타트업 톱 10 리스트!'

지난 3년간 이들이 선정한 회사들을 보니 한 번씩 들어 본 적이 있고, 그 중에 몇몇은 인터뷰 기사를 썼던 회사들이라 흥미롭게 리스트들을 훑어보았다. 그 중에 유독 내 눈을 사로잡은 곳은 이름부터 특이한 크룹Klooff!

'여기는 도대체 뭐하는 회사지?'

사전을 찾아 봐도 그런 단어는 찾을 수 없었다. 이름이 독특하고 재미가 있어 며칠 동안 머릿속을 맴돌았다.

크룹의 세 명의 공동창업가들이다. 마리오와 알렉산드로는 칠레 출신으로, 한국계 미국인 제인 정은 크룹이 테크스타스 엑셀레이터 프로그램에 있을 때 웹디자인 실력이 뛰어나 오랜 구애 끝에 크룹에 합류했다.

"크룹은 저희가 만든 '애완동물로부터 느끼는 즐거움'이란 신조어예요. 요즘 현대인들이 '구글링Googling'이란 단어를 자주 쓰잖아요. 이제는 인터넷에서 하는 모든 것을 검색하다는 의미로 사전에 나올 만큼 유명한 단어가 됐죠. 저도 미래에는 크룹이란 단어가 모든 사람들이 평상시에도 쓸 수 있기를 바라며 지었답니다."

크룹은 세계 애완인들을 위한 인스타그램과 같은 소셜 플랫폼이다. 본인 스스로도 열성적인 애완인이라 소개한 창업자 알렉산드로는 칠레에서 건너온 26살(2013년 당시)의 앳된 청년이었다. 마치 대학을 갓 졸업한 사회 초년생 같아보였지만, 대학 시절 미국의 레스토랑 앱인 옐프Yelp를 칠레판으로 만들어 넘버원 앱으로 만든 타고난 사업가였다.

뉴욕에 오기 전 소프트웨어 회사에 인수시키고 또 다른 꿈을 꾸기 시작했다고 한다. 세계인들을 상대로 비즈니스를 하겠다는 꿈. 자신의 조국 칠레시장은 너무 좁다는 생각으로 부푼 꿈을 안고 뉴욕에 입성했다고 한다.

대부분 창업가들의 아이디어는 그들이 경험한 것에서 나오는 경우가 많다. 과거의 경험이 하나둘씩 모여 현재를 만들고, 그것이 미래를 위해 쓰인다는 것은 스티브 잡스의 유명한 스탠포드 연설로 널리 알려져 있다. 스티브 잡스가 대학 중퇴 후 정규 수업이 아닌 서체 수업을 들었기에 아름다운 서체를 가진 첫 매킨토시를 탄생 시킬 수 있었다는 유명한 스토리를 가진 연설이 그것이다.

나는 인터뷰 전에 링크드인LinkedIn 사이트에 들어가 인터뷰이의 창업 전의 커리어를 찾아보는 버릇이 있었다. 인터뷰 사전준비라 말할 수도 있지만, 그의 발자취를 조합해보면 현재 비즈니스를 어떻게 시작했는지 어느 정도 짐작할 수 있었기 때문이다. 그런데 가끔 과거의 커리어와 전혀 상관없는 비즈니스를 하는 이들도 많았다. 그럴 때는 이전 인터뷰 기사들을 찾아 읽으며 궁금증의 실마리를 찾곤 했다.

알렉산드로도 그런 CEO 중 한 명이었다. 경영학도인 그가 레스토랑앱에서 애견인들을 위한 소셜네트워크 플랫폼으로 이동한 데는 분명 계기가 있지 않았을까 싶었다.

"어릴 적 강아지한테 심하게 물린 기억이 있어요. 그래서 강아지 공포증에 오랫동안 시달렸죠. 멀리 있는 강아지만 봐도 긴장되고 식은땀을 흘릴 정도였으니 얼마나 심각했을지 짐작이 가죠? 친구집에 놀러 갈 때면 미리 어머니가 친구집에 전화해 강아지가 방에서 나오지 못하게 가둬 달라고 몇 번이고 당부하셨을 정도였으니까요. 두려움을 극복하려고 심리 치료도 받아보고 상담도 받았어요. 그런데 쉽게 나아지지 않더라고요. 그러던 중 13번째 생일날 어머니가 태어난 지 3개월밖에 되지 않은 강아지를 한번 키워보라시며 선물로 주셨죠. 강아지를 키우게 되면서 자연스럽게 공포증이 사라지게 됐어요. 두려움을 극복한 뒤여서 그런지 더 강한 유대관계를 형성할 수 있었고 어릴 적 이런 경험이 저를 유별난 펫러버로 성장시킨 것 같아요."

링크드인 LinkedIn: 세계 최대 글로벌 비즈니스 인맥사이트다.

대학을 다니는 동안 창업을 하면서 학업보단 사업에 많은 시간을 투자했기에 칠레에서 잘 나가던 회사를 매각 했을 때는 그동안 소홀했던 학업에 집중해야겠단 생각으로 대학원에 곧바로 진학했다고 한다. 하지만 그의 사업가적인 마인드는 학업을 지속하는 동안에도 몸을 근질근질하게 만들었다.

"주위의 친구들이 애완동물들을 위한 페이스북 페이지를 만들고, 매일 빠짐없이 인스타그램에 사진을 올리는 모습을 봤어요. 그런데 많은 사람들이 어떻게 강아지 프로필을 만들 수 있냐며 조롱하는 모습들을 목격하게 됐죠. 애견인인 저는 이 문제를 하루빨리 해결해 주고 싶단 생각에 학기가 시작된 얼마 후에 펫러버들만을 위한 소셜 플랫폼을 구상하기 시작했어요. 바로 시작하고 싶었지만 학업에 충실하겠단 제 자신과의 약속을 지키기 위해 대학원을 마치는 날까지 꾹 참았죠."

그는 대학원 졸업시험이 끝나는 날이 수요일이었는데 바로 다음날인 목요일에 미리 준비해 놓은 오피스에서 6명의 개발자와 함께 크룹 앱을 만들기 시작했다.

생활 속의 불편함을 개선하기 위해 곧바로 창업시장에 뛰어든 적극적인 열정은 젊은 창업가들이 가진 장점 중 하나다. 사회적으로 책임져야 할 부분이 적고 부양할 가족들이 없다는 점은 과감한 도전을 할 수 있도록 동기부여를 한다. 실패를 통해 배운 노하우로 새로운 프로젝트에 다시 도전할 수 있는 시간적인 여유가 있다는 점도 젊은 창업가들이 가진 장점이다.

흔히 스타트업을 갓 태어난 아기에 비유하곤 한다. 아기가 태어나 잘 성장하기 위해서는 부모님의 지도와 교육이 필요하듯 스타트업을 하는 기업도 성장 단계에 맞는 적절한 조언과 도움이 필요하다. 그런 도움을 받기 위해 젊은 CEO들이 찾는 프로그램이 있다. 바로 인큐베이터Incubator와 엑셀러레이터Accerelator와 같은 지원 프로그램이다. 엄밀히 따지면 이 두 프로그램은 다른 개념이지만 신생기업이 잘 성장해 나갈 수 있도록 도움을 준다는 같은 목표를 가지고 있다. 젊은 창업가들이 도움의 손길을 주로 내미는 곳이다.

크룹도 세계적으로 손꼽히는 엑셀러레이터 중 하나인 '뉴욕 테크스타스NY Tech Stars' 졸업생이다. 뉴욕 테크스타스는 매년 1,000개 이상의 스타트업들이 지원하는데 그 중 단 1%만 선택되기 때문에 경쟁이 치열하다. 크룹도 2년의 시도 끝에 1,700여개의 팀 중 11위 안에 들어 프로그램에 참여할 수 있었다. 3개월간 11팀과 오피스를 나눠 쓰며 선배 사업가들과 투자자들을 만나 카운셀링 받고 멘토링을 받았다.

"초기 아이디어는 애견인들끼리 소통하고 오프라인 만남까지 연결해 주는 애견인들만의 페이스북을 만들려고 했어요. 크룹앱 안에서만 사진 공유가 가능했고 소통이 가능했기 때문에 굉장히 폐쇄적인 플

인큐베이터 Incubator: 출발 단계에 있는 예비 창업자 혹은 초기 벤처기업이 기업의 자립을 위해 필요한 기본적인 사무공간과 마케팅, 자금조달을 돕는 프로그램을 이야기한다.

랫폼이었죠. 프로그램을 시작하고 받은 조언 중 하나가 플랫폼을 다양한 유저들에게 오픈해 보란 이야기였어요. 조언을 듣고 곧바로 다양한 소셜 네트워크 플랫폼과 연동을 시켰죠. 그랬더니 3개월도 안 돼 페이스북 팔로워가 백만 명이 넘어서는 거 있죠? 생각보다 많은 분들이 귀엽고 재미난 애완동물 콘텐츠에 관심을 가지더라고요. 저희도 그 수요에 깜짝 놀랐어요."

3개월간의 혹독한 훈련을 통해 크룹은 펫러버들만을 위한 소셜 네트워크 플랫폼에서 애완동물 콘텐츠를 생성하는 미디어 컴퍼니로 세상에 나왔다. 멘토들의 도움이 없었다면 시장에 맞는 비즈니스로 나오기까지는 훨씬 오래 걸렸을 텐데 프로그램을 통해 시간을 단축시킬 수 있었다며 그는 젊은 창업가들에게 길잡이 역할을 해주는 엑셀러레이터 프로그램을 적극 추천했다.

물론 엑셀러레이터를 졸업한 모든 기업이 성공가도를 달리는 것은 아니다. 하지만 젊은 창업가들의 부족한 점을 보완해주는 장치가 존재한다는 것은 더 많은 이들이 용기를 내서 도전할 수 있는 긍정적인 역할을 해주고 있다.

젊은이들의 열정과 적절한 멘토링이 하모니를 이뤘을 때 비로소 좋은 비즈니스가 세상에 탄생될 수 있음을 크룹이 보여주고 있다.

뉴욕 테크스타스 NY Tech Stars: 미국 실리콘밸리의 대표적인 엑셀러레이터 중 하나다. 2006년 콜로라도에서 시작돼 보스톤, 시애틀, 뉴욕 등지로 프로그램을 확장시켜 나가고 있다. 수천 개의 지원서 중 단 1% 미만의 기업이 선정될 만큼 경쟁이 치열하다. 심사를 통과한 참여기업들은 초기 자본금 2천만원과 3개월간의 교육 프로그램, 멘토링, 네트워크를 제공받고 6%의 지분을 교환하는 형태다. 2016년까지 800여개의 기업들이 프로그램을 거쳐 갔고, 그중 가장 성공적인 기업은 차량공유 서비스 우버Uber이다.

죽이 되든 밥이 되든 GO

 알렉산드로는 뉴욕 진출을 꿈꾸면서 처음부터 인큐베이터나 엑셀러레이터 프로그램을 계획한 게 아니었다. 아무런 연고도 없는 뉴욕에 진출하고픈 20대 청년이 할 수 있는 가장 쉬운 방법은 뉴욕행 비행기에 몸을 싣고 무작정 부딪쳐 보는 거였다.

 2012년 5월 죽이 되든 밥이 되든 일단 뉴욕에 도착해서 짐을 풀었다. 그는 창업할 방법을 모색하고 앞으로 만나게 될 문제점은 그 곳에서 해결해 나가자는 생각으로 최소한의 경비로 2개월 여행 비자를 받아 공동창업자와 개발자들과 함께 뉴욕 땅을 밟았다. 반강제적으로 정한 2개월을 데드라인으로 정해 놓고 크룹의 프로토타입Prototype을 완성시키고, 투자자를 만나 투자를 받겠다는 목표로 남자 넷은 비좁은 월세방에서 뉴욕 생활을 시작한 것이다.

"2개월간 필요한 최소한의 경비만을 챙겨 왔어요. 좁은 방 한 칸에서 남자 4명이 함께 합숙했죠. 사무실을 렌트할 비용은 엄두도 못내다 보니 어느 누구에게나 열려있는 뉴욕 공공도서관을 이용하기로 했죠. 그런데 안타깝게도 도서관에는 여럿이 모여 대화를 하면서 컴퓨터 작업을 할 수 있는 테이블이 딱 한 군데 있었는데 그 책상을 차지하기 위한 경쟁이 치열했죠. 매일 도서관이 열리기 30~40분 전에 앞 줄을 차지하고 문이 열리자마자 쏜살같이 달려가 자리를 잡았죠. 도서관이 끝날 때까지 죽치고 앉아 2개월간 일을 반복했어요. 주말에는 시간표를 정해놓고 주중에 하지 못한 밀린 빨래며 설거지를 했어요. 저녁에는 센트럴 파크에 가 체력 단련을 하며 시간을 보냈으니 군대에 온 것 같이 빡빡한 일정이었죠."

알렉산드로는 뉴욕 출신도 더더욱 미국 출신도 아니었기에 어느 누구보다 열심히 발품을 팔아야 했다. 아는 사람 한 명 없는 뉴욕에서 맨 땅에 헤딩하듯 인터넷 검색으로 찾은 스타트업과 관련된 세미나와 모임들을 찾아다니며 정보를 모으고 인맥을 쌓아나갔다. 크룹에 관심 가져줄 만한 투자자들에게 이메일을 보내 미팅을 잡고 피치Pitch를 하며 열심히 달려 나갔다.

뉴욕은 생각했던 것보다 만만치 않은 곳이었다. 칠레로 돌아갈 날이 일주일도 남지 않은 상황이었지만 별 성과를 내지 못하고 있었다. 그런데 출국 이틀 전 이전부터 준비해왔던 구글 주최 피치 대회를 나갔는데 이변이 생겼다. 크룹이 대회에서 우승을 한 것이다. 어느 누구도 예상하지 못했던 일이었다. 축하 세례를 받으며 단상에서 내려와 짐을 챙기려는데 한 신사가 조용히 다가와 말을 건넸다.

"투자를 받았나요? Are you guys funded?"

알렉산드로가 아직 찾지 못했단 이야기를 전하자 그 신사의 입에서 지난 2개월 간 간절히도 듣고 싶었던 말이 나왔다.

"제가 당신의 첫 번째 투자자가 돼줄게요. I will be your first investor!"

뉴욕에서의 첫 투자가 이뤄진 날이다.

크룹은 그렇게 첫 투자자를 만났다. 알렉산드로와 크룹팀은 기쁜 마음을 안고 칠레로 돌아갔다. 좋은 일은 항상 함께 온다는 말이 있다. 그 동안의 노력과 고생이 빛을 발하기 시작했다. 뉴욕에서 첫 투자자를 만난 후 칠레에서도 곧바로 두 명의 엔젤 투자자를 만났다. 2개월 간 무작정 뉴욕이란 낯선 도시에서 부딪치며 얻은 큰 성과였다.

젊음이 가진 프리미엄

크룹은 놀랍게도 마케팅에 0원을 투자했다. 그런데도 단시간에 백만이 넘는 팔로워를 얻으며 승승장구했다. 남들이 하지 않는 생각을 하고 그것을 실행시키기 위해 패기로 밀어붙이는 행동파였기 때문에 가능한 일이었다.

"2012년 뉴스 중 세계인들의 귀목을 집중시킨 소식이 뭔지 아세요?"

뜬금없는 질문에 잠시 멈칫했다. 뭐가 있었더라? 2012년에 오바마 대통령 재선 이야기하는 건가? 연초에 슈퍼볼에서 뉴욕 자이언트가 우승하긴 했는데…. 그러다 퍼득 생각하는 것이 있었다. 바로 허리캐인 샌디다.

그때 뉴욕을 100년 만에 강타한 허리캐인 샌디로 맨하탄은 유령도시가 됐었다. 지하철 운행이 몇 주간 중단되고, 빌딩들과 집들이 물에 잠기고, 무려 1주일이 넘게 정전이 됐었다. 난 대피지역으로 설정된 아파트에 끝까지 남겠다던 룸메이트와 의리를 지키기 위해 대피하지 않았다. 집 앞 도로에 자동차와 공공시설물이 둥둥 떠다니는 광경을 목격할 정도로 급박했던 상황이었다. 그래서 나는 이렇게 대답했다.

"허리캐인 샌디요!"

"하하, 그것도 정답이네요. 저도 샌디 때문에 엄청 고생했었죠. 제가 질문을 너무 광범위하게 했네요. 미안해요. 제가 여쭤보고 싶었던 건 IT 업계 뉴스였는데."

한순간 엉뚱한 답을 너무나 당연하게 외쳤던지라 민망함에 쉽사리 대답하지 못했다. 쥐구멍이라도 숨고 싶었다. 내 마음을 헤아리듯이 그가 먼저 말했다.

"2012년 IT업계의 핫한 뉴스는 단연 페이스북 상장IPO 소식이죠! 페이스북 상장 소식은 젊은 스타트업 창업가들에게 엄청난 영감을 줬어요. 초유의 관심사는 상장 후 창업자 마크 저커버그의 첫 공식 일정이었는데 샌프란시스코에서 열린 한 세미나에 저커버그가 강연자로 온다는 소식에 저도 곧바로 비행기표를 구매했어요. 세미나 티켓은 구할 수는 없었지만 저커버그 얼굴만이라도 잠시 보겠다는 일념 하나로요. 근데 이왕 가는데 사진도 찍고 대화도 나누면 좋잖아요. 그래서 아이디어를 냈죠. 저커버그 시선을 끌만한 재치 있는 포스터를 만들어 가는 아이디어였죠."

이미 언론에 여러 번 공개된 마크 저커버그의 강아지 비스트를 이용한 포스터로 주크버그의 강아지에 대한 사랑을 자극해 보려는 전략이었다.

"예상대로 강연장 출구로 많은 사람들이 몰렸어요. 이를 제지하는 경호원들과 쥬크버그를 보기 위해 온 수많은 사업가와 젊은이들이 서로 뒤엉켜 아수라장이 됐는데 복잡한 상황이 정돈되지 않으면 경호원들이 모두 돌려보낼 거란 불안감에 제가 모여 있는 사람들에게 소리쳤죠. '우리 모두 마크를 보러온 목적이 같지 않습니까. 우리 모두 조용히 준비된 의자에 앉아 기다리다 그가 나오면 차례차례 한 사람도 빠짐없이 인사를 나눌 수 있을 테니 질서를 지키면 어떨까요?'라고 외쳤더니 한두 명씩 자리에 돌아가 앉으면서 복잡한 상황을 정리할 수 있었죠."

그때 크룹팀은 영리하게 그 틈을 이용해 출구 바로 앞에 자리를 잡았다. 세미나가 끝나고 출구가 열리자 저커버그가 나왔다. 하지만 경호원의 제지로 어느 누구도 가까이 갈 수 없게 되었다. 그때 맨 앞에 있던 알렉산드로는 저커버그를 향해 소리치며 준비해 간 포스터를 펼쳐 보였다. 하늘이 도왔는지 그 짧은 시간에 시선을 끄는데 성공했다. 재치있는 포스터를 본 저커버그는 박장대소하며 크룹팀을 앞으로 불러 사진을 찍고 이야기를 나눠 주었다. 저커버그의 마음을 사로잡은 포스터에는 저커버그의 강아지 사진과 함께 이런 글이 적혀 있었다.

'저커버그는 페이스북을 사용하지만, 나 비스트(쥬크버그 강아지 이름)는 크룹을 이용해.'

이 에피소드는 사진과 함께 여러 매스컴을 탔으며, 그는 이것을 광고 비 0원을 들인 마케팅 중에 하나라며 그 당시를 회상했다.

마크 저커버그와의 만남은 각종 언론사에서 관심 가질 만큼 큰 화제거리로 마케팅에 큰 도움이 됐다.

그들은 이후 CNN 아침쇼에 데뷔하는 영광도 얻었다. 애틀랜타에서 애완동물 박람회가 열린다는 소식을 듣고 시장조사도 할 겸 팀 멤버들과 함께 애틀랜타로 넘어갔다.

"박람회에 가보니 사비를 들여 먼 곳까지 왔는데 그저 관람자로만 참여하기에는 너무 아쉬웠어요. 그래서 크룹을 홍보할 수 있는 일이 뭐가 있을까 고민하던 중 박람회에 취재 온 기자들을 보고 애틀랜타 방송국 출연을 추진해 보자라고 생각했죠."

그는 역시 행동이 빨랐다. 각종 방송국 사이트를 검색하다 CNN방송사에 칠레 출신의 기자 한 명이 재직하고 있단 걸 알아냈다. 외국에서 만난 동포들이 갖는 동포애를 십분 활용해 보자는 것은 역시 알렉산드로다운 생각이었다.

"연락이 닿도록 갖은 노력을 했어요. 그녀와 직접적으로 연락할 수 있는 방법은 오직 트위터라 먼저 트위터로 메시지를 보냈죠. 그 다음 날이 뉴욕으로 돌아가는 날이라 밤새 연락을 기다렸어요. 안타깝게도 저희가 떠날 시간이 다가오는 데도 연락이 없어 자포자기하고 공항으로 향하던 중에 다급한 트윗을 받게 됐죠. 30분 뒤에 시작하는 자신의 아침쇼에 출연할 수 있냐는 메시지였죠. 팀원들은 공항으로 향하던 택시를 돌려 CNN으로 날아갔죠."

크룹의 첫 방송출연이었다. 그것도 CNN 라이브 아침방송이었다.
작년 알렉산드로를 오랜만에 한국에서 만났다. 인사동과 광화문 구경을 시켜주며 그의 최신 소식을 들을 수 있었다. 2015년 크룹은 미국애

견협회American Kennel Club가 인수했고, 알렉산드로는 칠레에 돌아가 새로운 아이디어로 창업을 준비하고 있다고 한다. 그가 세상에 내놓을 다음 창조물은 무엇일지 지금부터 궁금해진다.

2015년, 잠시 한국을 방문한 알렉산드로와 삼청동 데이트

알렉산드로의 뉴욕 도전기를 들으며 자연스레 6년 전 유학을 준비하던 내 모습을 떠올렸다. 생각하면 어떻게 그런 생활을 견뎌낼 수 있었는지 믿기 힘들 만큼 독한 생활의 연속이었다. 새벽반 토플 수업을 듣기 위해 아침 4시 반에 일어나 강남행 버스에 몸을 실었고, 학원 수업이 끝나면 곧바로 대학원으로 가서 조교일을 했다. 대학원 수업을 듣고 나면 저녁시간이 훨씬 넘어 집에 도착했다. 취침 전까지 학원 수업을 복습하고 대학원 과제를 끝내면 새벽 한두 시가 넘어야 잠들 수 있었다.

지금도 유학을 준비하던 시절 일기장을 펼쳐보면 뉴욕에서 꿈을 펼치고 싶단 간절함과 열정이 있었기에 가능했던 일이다. 내게도 뉴욕은 도전해 보고 싶은 땅이었고 새로운 곳에 대한 두려움과 막막함보다 설렘이 더 앞섰기에 그 어떤 힘든 일도 버틸 힘이 있었던 것이다.

유학시절 동급생이었던 친구들은 졸업 후 두 가지 모습으로 나뉘었다. 마음만 먹으면 원하는 직장에 취직할 수 있는 미국인과 취업비자를 스폰 받을 만큼 월등한 실력을 증명해야 겨우 취직할 수 있는 유학생, 뉴욕에서 도전하는 유학생의 숙명은 결코 순탄하지 않다.

나 역시 이런 정글 같은 뉴욕생활을 했기에 알렉산드로가 이방인으로서 뉴욕땅에서 살아남기 위해 어떤 노력을 기울였는지 가히 짐작이 간다. 그는 두드리고 두드려야 했다. 열릴 때까지.

창업으로 성공하고 싶은가?

그러면 두드려라! 열릴 때까지!

발라즈&쟝
Balazs Alexa & Jean Meyer
Founder @Date My School
Founded in 2011
#온라인데이팅

뉴요커들의 오작교
데이트 마이 스쿨의 쟝과 발라즈

캠퍼스의 큐피트, 데이트 마이스쿨

뉴욕대 첫 날 첫 수업을 듣기 전에 스타벅스에 들려 커피 한 잔을 시켰다. 새 친구들을 만난다는 설렘을 카페인으로 진정시키고 싶었다. 마침내 수업 시간이 되어서 조심스레 강의실문을 열고 들어갔다. 그런데 이게 웬일인가?

눈앞에 펼쳐진 노랗고 빨갛고 거무스리한 머리색, 세계 곳곳에서 모인 사람들이 눈에 띄었다. 하지만 그 중에 남학생은 거의 보이지 않았다. 여고를 졸업하고 설레는 마음으로 남녀공학 대학교에 지원했지만 미술사라는 학과 특성상 여대나 다름없었던 한국에서의 기억이 새로웠다.

여기도 여대와 다를 게 없었다. 정원은 서른 명. 그 중 여학생이 스물일곱 명이고 남학생이 세 명이었다. 거기다 더 비극적인 것은 남자 세 명 중 두 명이 동성연애자란 사실이다. 나중에 친구들과 이야기를 나누다 보니 첫날 실망한 건 나뿐이 아니었다는 것을 알았다. 그때는 정말 큰 실망이었지만 지금은 웃으며 그 날을 추억할 수 있어 좋다.

교내에 성비 불균형을 해결해주는 온라인 사이트로 데이트 마이스쿨이 있다. 모든 가입자는 미국에서 대학이나 대학원을 재학 중이거나 졸업한 사람들로 이뤄져 있다. 가입할 때 출신 학교와 전공을 기입하기 때문에 학교와 과별로 이성을 분류할 수 있어, 특별한 연결고리가 없어 이성을 만날 수 없는 사람들이 주로 애용한다. 우리나라로 치면 견우와 직녀를 만나게 해주는 오작교가 바로 데이트 마이스쿨이다. 여기에서는 대학 캠퍼스의 큐피트라 부른다.

이것은 맨하탄 북부 컬럼비아대학교Columbia University에서 시작했다. 그리고 이후에 이웃 학교인 뉴욕대New York University, 파슨스Parsons The New School for Design, FIT Fashion Institute of Technology, 뉴욕시립대 City College of New York 등으로 번져나갔다. 지금은 미국 전역의 대학생들이 이용하는 대학생 맞춤식 온라인 데이팅 사이트가 됐다.

내가 데이트 마이스쿨을 알게 된 건 황당하게도 학교 화장실에서다. 대학 캠퍼스 화장실 변기에 앉으면 어떻게든 볼 수밖에 없는 위치에 굉장히 자극적인 스티커 하나가 붙어 있었다.

"하버드, 예일대, MIT, 콜롬비아대 등 아이비리그 친구들과 교제 가능!"

데이트 마이 스쿨 팀.

뉴요커 싱글족의 구세주

뉴욕생활을 시작하면서 한국의 결혼정보회사 뉴욕지사에서 잠시 일을 한 적이 있다. 내 첫 임무는 뉴욕의 데이팅 문화를 파악하고 시장조사를 하는 일이었다. 그때 안 사실인데 뉴욕의 젊은이들은 크게 두 가지 방식으로 이성을 만난다.

첫째는 바Bar에서 만나는 방식이다. 퇴근이 이뤄지는 시간에 한 여성이 바에 혼자 앉아 있다. 그러면 십중팔구 남성이 슬그머니 옆에 앉아 말을 건네고 술 한 잔을 주문해 준다. 그 자리에서 이야기가 잘 통하면 서로 연락처를 주고 받고 데이트가 이뤄지는 것이다.

둘째는 온라인 데이팅 사이트를 통해 만난다. 인터넷으로 온라인에서 자신이 원하는 조건에 맞는 사람을 검색해 만나는 것이다.

'이런 식으로 만난 관계가 얼마나 갈까?'

처음에는 이렇게 생각했지만 그렇게 만난 남자친구와 결혼까지 하는 주위 친구들을 보며 금방 수긍할 수 있었다.

미국에서 누구나 한번쯤 들어봤을 법한 10년이 넘는 역사를 자랑하는 이하모니eHarmony와 매치닷컴Match.com은 온라인 데이팅 사업의 양대 산맥이다. 멤버십제로 운영되어서 진지한 만남을 원하는 이들이 애용한다.

이보다 캐주얼한 만남을 원한다면 오케이큐피드Okcupid나 틴덜Tinder과 같은 간편한 무료 서비스를 이용하고, 처음 보는 이성을 혼자 만나기 쑥스럽다면 그룹퍼Grouper를 통해 서너 명의 친구들과 단체미팅을 할 수도 있다.

미국에는 이처럼 싱글들의 다양한 욕구를 채워주는 서비스가 많다.

"그렇게까지 이성을 만나야 해?"

한국 친구들 중에는 이렇게 반문하는 경우도 있다. 하지만 뉴요커에게는 그럴 만한 속사정이 있다.

뉴요커들은 바쁘다. 매일매일 도시 전체에서 일어나는 각종 이벤트, 파티, 세미나 등을 따라다니며 네트워킹 하고 커리어를 쌓아 가느라 바쁘다. 또한 살인적인 생활비를 충당하기 위해 원잡으로만 힘들어 투잡, 쓰리잡, 심지어 포잡까지 하는 친구들도 많다. 그만큼 이성을 만날 여유와 시간을 허용하지 않는 도시가 뉴욕이다.

또한 뉴욕에는 싱글 여성은 넘쳐 나는데 싱글 남성은 찾아보기 힘들다. 그만큼 성비의 불균형이 심하다. 미술, 디자인, 패션 등 비교적 여성들이 주로 종사하는 산업이 맨하탄을 중심으로 이뤄져 있어서 뉴욕에는 고학력 고소득의 골드미스들이 많다. 따라서 꼭 결혼하겠다는 의지만 있다면 싱글 남성은 어떻게든지 짝을 찾을 수 있는 것이 뉴욕의 현실이다.

이런 뉴요커들에게 데이트 마이스쿨은 싱글 탈출의 구세주다. 필요가 있는 곳에 기업이 뿌리를 내린 것이다.

헝가리와 프랑스의 만남

데이트 마이스쿨은 컬럼비아대학교 MBA프로그램 첫 날에 만나 단짝친구가 된 쟝Jean Meyer과 발라즈Balazs Alexa에 의해 공동창업된 회사다. 쟝은 프랑스에서 벤처 사업을 이끈 개발자 출신이고, 발라즈는 헝가리에서 컨설팅 회사 맥킨지 앤 컴퍼니McKinsey & Company에서 일하며 동시에 영상 콘텐츠를 무료로 제공하는 온라인 플랫폼을 부업으로 운영한 사업가다.

　두 청년은 미국이란 큰 시장에서 창업을 해보겠다는 꿈을 안고 20대 중반에 모든 걸 뒤로 하고 뉴욕으로 건너왔다. 둘은 서로 같은 목표를 가지고 타국에 왔다는 공감대가 강해 오리엔테이션에서 만나자마자 룸메이트가 되었고, 그 후로 더할 나위 없는 단짝 친구가 됐다.

"둘 다 사업을 운영했었기 때문에 MBA는 필요 없다 생각했는데 배우는 것도 많고 뉴욕에서 좋은 인맥들을 쌓을 수 있어 유익했어요. 힘든 점이 있다면 너무 바빴다는 거예요. 학기가 시작되고 얼마나 할 일이 많은지 캠퍼스 밖으로 한 발짝도 나갈 수 없었어요. 매일 보는 친구들은 같은 과 친구들인데 프로그램 특성상 여학생보다 남학생 수가 많다 보니 이성과 데이트 할 겨를이 없었죠. 혈기왕성한 이십대 남성들의 불만이 얼마나 쌓였던지…."

　싱글이었던 쟝과 발라즈도 여느 친구들과 같이 데이트를 하지 못하는 것에 불만이 쌓여가고 있었다. 그러던 어느 날 여학생 여럿이 모여 대화하는 걸 엿듣게 되었다.

"도대체 학교의 남자들은 어디에 다 가 있는지 모르겠어!"

　그 순간 학과 특성상 남녀 학생들이 본의 아니게 격리되어 있다는 중요한 사실을 깨달았다. 또한 빡빡한 학업 스케줄 때문에 이성친구를 찾을 시간적 여유가 없다는 문제점을 알게 된 것이다.

쟝과 발라즈는 우연히 엿들은 여학생들의 불만을 통해 평소에 과친구들이 품었던 불만의 해결책을 찾기 위해 아이디어를 냈다. 타 학과 친구들과 주변 학교 친구들을 소개시켜 줄 수 있는 온라인 플랫폼을 만들어보자는 것이었다.

경제학과를 졸업한 발라즈와 아이디어를 웹/앱으로 구현할 수 있는 쟝은 즉시 함께 프로젝트 개발에 돌입했다. 투자금이 급하게 필요한 그들에게 MBA동기 두 명이 초기 창업 자본 25만 달러를 두말없이 투자했다. 학생들의 데이트 할 권리를 찾아주겠다는 그들의 뜻에 혼쾌히 동조한 것이다. 대부분의 투자자들은 회사 지분을 받았지만, 이들은 무한대 데이트 사용권을 받는 조건으로 투자를 했다. 그만큼 학급 친구들의 뜨거운 호응에 힘입어 둘은 학교를 다니면서 '데이트 마이스쿨'을 시작한 것이다.

다르지만 잘 어울리는 파트너, 쟝과 발라즈

데이트 마이스쿨은 한국 기업에서 투자를 받아 한국 진출 계획을 세우면서 몇 달 간 내게 사업 진출과 관련된 일을 맡긴 적이 있다. 그 덕에 함께 일하며 가까이서 두 사람을 지켜 볼 수 있었다.

개발자 출신의 쟝은 최고기술경영자Chief Technology Officer의 역할을 맡아 개발자들을 관리하며 웹과 앱을 구축하는 데에 집중했다. 경제 전공자인 발라즈는 투자자들과 미팅하고 마케팅을 총괄하는 최고경영자 Chief Executive Officer의 역할에 집중했다.

둘은 각자의 자리에서 맡은 바 열심히 일을 해나갔다. 둘은 전문분야가 다르듯이 성격도 극명하게 달랐다.

데이트 마이스쿨은 창업 초기에 정해진 출퇴근 시간이 없었다. 하지만 점차 규모가 커지며 직원들을 관리하기 위해 쟝은 자유롭게 일하는 것은 좋지만 늦어도 10시까지는 출근을 했으면 좋겠다고 직원들에게 당부했다. 하지만 이를 지키는 팀원들은 거의 없었다.

어느 날 일이 터졌다. 그때 나는 외부에 일이 있어서 회사에 가지 않았다. 그런데 그 날 오전에 몇 통의 이메일을 받았다.

한국 다음Daum에서 창업초기 투자를 받아 한국과 인연이 깊다.
(위)국내 온라인 데이팅 플랫폼 '이음'팀과 함께
(아래)다음커뮤니케이션 글로벌부문장이었던 임정욱 (현재는 스타트업 얼라이언
스 센터장)님과 함께.

"지금 11시가 훌쩍 넘었는데 사무실에 나 혼자 있는 이유에 대해 누가 좀 설명해 줄래?"

장의 굉장히 불만 섞인 내용이었다. 그리고 한 시간 후에 다음과 같은 짧은 이메일이 또 왔다.

"12:00am…."
'어? 다들 어디 갔지? 나는 오늘 안 가는 거 다 알고 있는데….'

이렇게 생각은 했지만 분위기가 심상치 않아 초조해 하고 있는데 조금 후에 헝가리로 출장 간 발라즈의 이메일이 도착했다.

"오늘 우리 회사가 뉴욕에서 가장 자유스러운 멋진 젊은 기업이란 걸 증명해 주고 있는 거라고! 어때?"

잠시 심각했을 사무실 분위기는 발라즈 특유의 농담으로 웃으며 넘어갈 수 있었다. 덕분에 장도 더 이상 화를 내지 못했다는 후문을 들었다.

발라즈는 다정다감하고 말수가 많으며 사무실 곳곳의 안살림을 도맡아 하는 세심한 어머니 같다. 팀원들간의 화합과 사무실내 편안한 분위기를 만들기 위해 노력했다. 이에 반해 말도 없고 무뚝뚝한 프렌치 특유의 차가움을 가진 장은 가까이 다가가기가 힘들 정도다. 성향이 너무 다른 이 둘이 어떻게 함께 일할까란 의문을 가질 때쯤 쟝도 표현이 서툴 뿐이지 마음만큼은 따뜻한 경상도 사나이의 성격을 갖고 있다는 것을 알았다.

내가 마지막으로 사무실 일을 마치는 날 아쉬운 얼굴로 조용히 문까지 배웅해주던 쟝의 모습이 두 눈에 선하다. 사소한 일에는 전혀 관여하지 않지만 굵직한 문제가 생기면 반드시 해결해주는 회사의 기둥 역할은 쟝의 몫이었다. 성격은 서로 다르지만 속마음은 따뜻한, 그래서 더 잘 맞는 것이 아닌가 싶다.

둘은 정말 달랐지만 서로의 부족한 점을 채워주는 좋은 파트너십을 보여주고 있었다.

데이트 마이 스쿨은 브루클린의 옛공장으로 사용됐던 건물에 입주해 있다. 사무실 천정이 높고, 운동장같이 넓은 탁 트인 곳에 사무공간과 놀이공간이 구분된 게 특징이다.

뚜렷한 목적의식과 자유로운 직장환경

"온라인 사이트로 얼마나 많은 커플이 탄생되는데?"

온라인 데이팅 회사에서 일할 때 주변 친구들이 내게 자주 묻는 질문 중에 하나다. 독자들도 궁금할 것이다.

미국의 기혼자 중 1/3은 온라인을 통해 커플이 된다고 한다. 그만큼 온라인 데이팅은 미국에서 보편화된 이성들간의 만남의 통로다. 더욱 놀라운 건 온라인을 통해 만난 커플의 결혼생활이 소개나 주변에서 만나 결혼한 커플보다 만족도가 높다는 것이다.

데이트 마이스쿨을 통해 백년가약을 맺은 커플은 매우 많다. 그 중에 CNN에 소개된 컬럼비아대학 커플 이야기는 널리 알려져 있다. 한 남학생이 사이트를 통해 여학생 프로필을 구경하다 흑갈색 머리의 매력적인 여학생을 발견했다. 남미의 시골 풍경을 배경으로 찍은 사진이 눈에 들어와 클릭했고, 그녀가 26살의 같은 학교 간호학과 학생이란 사실과 본인의 집 근처에 산다는 사실을 확인하고 재밌는 메시지를 보냈다. 다음 날 둘은 캠퍼스에서 만나 4시간 정도 산책하며 이야기꽃을 피웠다. 그리고 도서관에서 몇 번 데이트를 한 후 뉴욕주에 혼인신청을 한 것이다.

데이트 마이스쿨 팀원들끼리 소통하기 위해 공유하는 이메일 계정이 있다. 회사로 들어오는 메일 중에 중요한 내용들은 이 계정을 통해 볼 수 있다. 그 중에 가장 많이 받는 이멜은 데이트 마이스쿨을 통해 만나 결혼에 골인했다는 감사 메시지와 결혼식에 초대하는 청첩장이다. 데이트 마이스쿨을 통해 탄생된 커플의 아기가 태어났다는 소식도 종종 올라온다.

이런 메일을 받는 날이면 다 같이 환호와 박수로 하루를 시작한다. 그 날은 마치 하늘을 날것 같이 기쁘고 일하는 매 시간이 행복으로 다가오는 것이다.

뉴욕의 젊은이들은 이전의 안정적인 직장에서 받던 월급의 1/3도 미치지 못하는데도 이처럼 목표의식이 뚜렷하고 자유로운 환경의 신생기업에서 일하기를 좋아한다. 회사를 처음 만들 때 정한 목표를 함께 달성해 가는 데서 오는 성취감이 경제적인 안정을 주었던 기존 직장생활보다 가치 있다고 생각하는 것이다.

"이렇게 해서 회사가 제대로 돌아가겠어?"

혹자들은 젊은 CEO가 이끄는 신생 기업을 보고 이렇게 말한다. 하지만 현재 세계를 리드하는 기업 구글이나 페이스북의 사무실 풍경은 언론이나 영화에서도 많이 노출됐듯 굉장히 자유롭다. 취침실이 있고 주방에는 공짜 음식이 가득하다. 각종 게임이 구비되어 있어 마음껏 즐길 수 있는 굉장히 자유로운 환경이다.

데이트 마이스쿨도 젊은 기업답게 복장제재가 없다. 플레이스테이션과 탁구대, 축구골대 등이 비치돼 있어 일이 잘 풀리지 않으면 게임을 하며 머리를 식힌다. 피곤할 때면 쇼파나 해먹침대에 누워 낮잠을 청할 때도 많다. 출퇴근 시간도 자유로워 가끔 내가 일을 끝내고 짐을 챙겨 집에 갈 때쯤 어슬렁어슬렁 걸어 들어오는 팀원들도 있었다.

어느 날은 함께 일하는 친구 한 명이 한 달 정도 보이지 않아 걱정하고 있는데 불쑥 그가 출근해 있는 게 아닌가?

"어디 갔었냐?"

궁금해서 물어보니 지난 달 일이 너무 많아서 사무실 왔다 갔다 하는 시간이 아까워 한 달 간 집에서 일을 했단다. 나도 나름대로 자유로운 영혼이라 자부하는데 이들 앞에선 명함도 못 내밀었다.

그래도 회사는 잘 돌아간다. 매달 꾸준히 성장하고 있다.

몇 년 전 쟝은 뉴욕을 떠나 가족이 있는 유럽으로 돌아갔다. 그리고 그 곳에서 새로운 데이팅 앱 원스Once를 시작했다. 3년이 돼가는 원스는 현재 유럽의 넘버원 데이팅 앱으로 성장했다는 소식을 스위스 친구에게 우연히 전해 들었다. 세계의 중심 뉴욕에서 성공시킨 창업노하우를 가지고 본국으로 돌아가 또 다른 성공신화를 쓰고있는 쟝을 보며 연쇄창업가serial entrepreneur의 모습을 본다.

비록 쟝과 발라즈가 함께 했던 3년 4개월간의 여정은 끝이 났지만 데이트 마이스쿨은 발라즈를 중심으로 미국 대학생들 데이팅 사이트로 부동의 1위 자리를 계속해서 지켜나가고 있는 중이다.

데이트 마이 스쿨의 발라즈와 프랑스 출신 개발자 로넨.
데이트 마이 스쿨은 창업가 두 명 다 타지에서 와 창업한 만큼
다양한 국적의 팀원들을 채용했다.

CNN에 방송된 데이트 마이 스쿨로 결혼에
골인한 콜럼비아대학교 출신의 커플.

"난 회사가 주는 월급만큼만 딱 일해! 6시 이후에는 회사와 관련된 일
이나 전화는 일절 받지 말아야 돼! 한 번 받으면 쉬질 못하거든."

한국에 돌아와 친구들을 만날 때 이런 이야기를 듣고 씁쓸해 했던 기억
이 새롭다. 이제야 알 것 같다. 그런 자유 속에서 왜 젊은 기업들이 성장
하는지.

뉴욕의 젊은이들은 일과 삶의 경계가 없다. 일이 곧 삶이고 삶이 곧 일
인 것이다. 목표를 위해 함께 달려가고 있기에 자신에게 주어진 일을 끝
내기 위해서 주말을 반납하는 것도 집에서 밤을 새서 일을 하는 것도 삶
의 한 부분이자 당연한 일이라 생각한다. 8~9시간 회사에서 일하며 어
느 누가 책상 앞에 앉아 백프로 집중할 수 있겠는가? 굳이 10시-5시라
는 오피스 아워에 얽매여 있기보다 집중이 되지 않을 땐 게임을 하고 잠
을 청하며 머리를 식히는 것이 더 효율적일 수 있다.

자유스런 근무 환경이 오히려 일의 효율성을 높여 준다는 것을 알았으
면 한다. 뉴욕의 젊은이들은 일과 삶의 경계가 허물어진 삶을 살며 그 자
체로 행복을 구가하고 뚜렷한 목적의식 속에 살아가고 있다.

　창업은 창업가뿐만 아니라 함께 새로운 가치를 만들어가는 팀원들도 주인의식을 가지고 회사가 창업될 때 이루고자 했던 목적을 위해 함께 일해 나가야 한다. 직장처럼 일하는 시간과 삶을 누리는 시간이 구분된다면 성공하기 힘들다. 일이 곧 삶이 되어야 한다. 일을 즐길 줄 알아야 하고, 무슨 문제가 생기든 삶의 일부분으로 받아 들여 헤쳐 나가는 마인드를 갖춰야 한다.

카터 클리브랜드 Carter Cleveland
Founder @Artsy
Founded in 2009
#미술품검색

미술계의 구글을 만들다
아트시의 카터 클리브랜드

미술시장도 온라인이 접수하다

보통 미술품은 아티스트를 직접 통하거나 혹은 갤러리, 경매회사, 아트페어Art Fair 등을 통해 구매한다. 그런데 지금은 미술 애호가들의 미술품 구매방식이 크게 변하고 있다. 예전처럼 시간과 돈을 들여 해외의 유명 갤러리나 아트 페어 등을 직접 방문하지 않고 집에서 마우스 클릭 한 번만으로 구매하는 컬렉터들의 수가 증가하고 있다.

미술시장의 온라인화는 처음 닷컴붐이 일던 90년대 말부터 시작됐다. 세계적인 미술품 경매 회사 소더비Sotheby's와 아트넷Artnet이 온라인 판매를 시도했지만 결과는 좋지 않았다. 시기상조였다. 그렇게 10년의 시간이 지나면서 미술시장이 온라인에 눈을 돌리기 시작했다. 2008

아트페어 Art Fair: 1년에 한번 전 세계 수백 개의 화랑들이 한 장소에 모여 작품을 판매하는 행사를 말한다.

년을 기점으로 크고 작은 신생 온라인 미술품 판매 회사들이 우후죽순으로 생겨났다.

나는 대학원 논문으로 '미술시장의 온라인화'를 선택했고, 오랜 연구 끝에 논문을 마치고 석사학위를 취득했다. 연구 결과를 통해 여럿 플랫폼 중에서 가장 대표적인 회사로 아트시Artsy를 뽑는다. 미술시장뿐 아니라 미국의 저명 있는 미디어들과 IT업계에서도 주목하고 있는 곳이다.

창업자 카터 크리브랜드Carter Cleveland는 프린스턴대 기숙사 방에서 과학과 미술을 접목시킨 미술품 검색 엔진 아트시를 스물한 살인 2009년에 창업했다. 아트시는 현재 미술계의 구글이란 찬사를 받으며 전 세계적으로 스포트라이트를 받는 플랫폼으로 성장하고 있다.

컴퓨터 공학도가 미술계로

아트시를 창업한 카터는 물리학자를 꿈꾸며 대학에 입학했다가 우연히 컴퓨터 공학으로 전공을 옮겼다. 그가 대학 졸업 후 미술계의 핫한 인물로 떠오른 것이다. 물리학자를 꿈꾸던 공학도가 미술계를 장악하다니? 어떻게 보면 전혀 조화롭지 않은 이런 퍼즐은 인터뷰를 통해 카터의 이야기를 직접 들으면서 제 자리를 찾아가기 시작했다.

"아버지가 미술사학자입니다. 어릴 적부터 자연스레 미술관과 갤러리를 다니며 작품들을 접하는 환경에서 성장했죠. 아이들이 대개 좋아하는 연예인이나 영화 포스터를 방에 붙이잖아요? 저는 제가 좋아하는 미술작품들로 도배했어요. 아버지가 미술품을 수집하셨거든요. 그래서 미술에 대한 관심이 어릴 적부터 남달랐죠. 예술계에 몸담고 계신 아버지와 달리 어머니는 과학계 집안의 대를 이어 물리학자가 되셨어요. 어렸을 때는 외가 성향을 따라 과학이 적성에 맞았는데, 대학에 입학한 후에는 컴퓨터 공학에서 미술에 관심 갖게 된 거죠."

카터는 컴퓨터공학을 전공하면서 종종 미술사 수업을 챙겨 들었다. 수업시간마다 학교 컴퓨터로 교수님이 지정해준 사이트에 접속해 세계 명화 이미지를 보며 공부할 수 있었다. 하지만 수업이 끝나면 무슨 이유인지 접근이 불가능했다. 그래서 인터넷을 통해 더 많은 자료를 찾아보는 플랫폼이 있을 거란 생각으로 검색하다가 문제점을 발견했다.

"인터넷 서핑을 하는데 아무리 찾아도 미술전시 정보나 작품 이미지를 한 눈에 볼 수 있는 플랫폼이 없었어요. 당시만 해도 영화는 넷플릭스Netflix에 가면 됐고, 음악은 사운드 클라우드Sound Cloud를 가면 됐는데 미술과 관련한 곳은 없었던 거예요. 아직 누구도 만들지 않았다면 제가 만들어보면 어떨까란 생각으로 대학교 기숙사에서 잠을 설쳐가며 만들기 시작했죠."

사운드 클라우드 Sound Cloud: 사운드 클라우드는 독일 베를린에 본사를 둔 글로벌 온라인 음악유통 플랫폼이다.

현재 아트시는 현대 미술과 관련해 가장 많은 데이타베이스를 보유하고 있다. 이 데이타베이스를 바탕으로 미술품 검색 엔진이자 갤러리와 컬렉터들을 연결해 미술품을 판매하는 온라인 판매 플랫폼 역할을 하고 있다.

아트시는 검색엔진을 구현하기 위해 미술품에 유전자를 만드는 '지놈 프로젝트Genome Project'로 대중의 관심을 끌고 있다.

사진제공: 아트시

아트시는 소호와 트라이베카 중간에 위치해 있다. 25층에 사면이 창문으로 둘러싸여 있어 확트인 도시뷰를 자랑한다. 모든 팀은 코워킹 스페이스와 같이 큰 책상에 컴퓨터를 놓고 다 같이 일하는 젊은 기업 문화를 가지고 있다.

미술품의 유전자 지놈프로젝트Genome Project

미술계에 몸담고 있는 어떤 이들도 미술품에 유전자를 만들어야겠다는 생각은 하지 못했다. 하지만 컴퓨터 공학도 카터는 달랐다. 미술작품 검색엔진을 만들기 위해 미술사학자 수십 명의 도움을 받아 천 개 이상의 미술품 유전자를 만들어냈다. 그리고 각 작품에 맞는 유전자를 입혀 검색할 때 비슷한 유전자를 가지고 있는 미술품이 추천되는 미술작품 분류 시스템인 '지놈 프로젝트'를 탄생시켰다.

"많은 미술애호가들이 겪는 흔한 어려움 중 하나가 미술품을 구매하기 위한 첫 단계가 무엇이냐에 대한 고민이에요. 보통 사람들은 대중에게 잘 알려진 앤디 워홀Andy Warhol이나 마크 로스코Mark Rothko와 같이 유명한 작가들부터 찾기 시작하죠. 그렇다면 좀 덜 알려진 작가들을 알기 위한 방법에는 어떤 게 있을까요? 저는 사람들이 한 작품을 통해 유사한 취향의 다른 작품들에 대해 알아가는 방법을 만들어주고 싶었어요. 그 방법은 간단해요. 예를 들어 추상표현주의 작가인 마크 로스코를 검색하면 또 다른 추상표현주의Abstrat Expressionism 작가들의 작품이나 마크 로스코와 같은 시기에 활동했던 화가들의 작품이 뜨게 만드는 거죠. 유전자는 이렇듯 장르뿐만 아니라 작가의 출신학교, 작품에 쓰인 재료와 소재 등 여럿 속성들로 이뤄져 있어요. 그리고 각 유전자들은 0에서 100까지 점수가 매겨져 있어 가장 유사한 유전자의 작품

마크 로스코 Mark Rothko: 러시아 출신의 추상표현주의 선구자이다. 캔버스에 커다란 색면으로 불분명한 경계선을 표현하여 색면화가로도 불린다.
추상표현주의 Abstrat Expressionism: 일반적으로 제2차 세계대전 후, 50년대 미국 화단을 지배했던 회화의 한 양식을 이야기한다.

이 추천되어지도록 시스템을 만든 것이죠."

이 시스템은 미술작품에 대한 교육적인 기능뿐만 아니라 미술품 판매에도 큰 기여를 하고 있다. 어떤 작품이 어느 갤러리에서 판매되고 있는지를 알려주고 연결해주는 중간자 역할을 하고 있는 것이다. 대부분의 아트 콜렉터들은 비슷한 스타일 혹은 유사한 소재의 작품을 수집하는데 그들이 바로 아트시를 필요로 하는 것이다. 아트시는 콜렉션과 연관될 만한 그림들을 추천해 주는 큐레이터의 역할을 대신 해준다.

기존 시장을 설득하다

기술의 발달로 우리는 어느 때보다 편리하고 재미난 세상을 살고 있다. 하지만 많은 이들은 생각보다 빠른 변화를 두려워한다. 특히 보수적인 미술계는 변화에 굉장히 방어적이다. 나는 눈문을 준비하면서 온라인을 통한 미술품 감상과 판매에 대한 회의적인 회의론자들을 설득하는 논리를 펼치기 위해 심혈을 기울여야 했다. 논문 지도 교수님을 설득하기란 결코 쉬운 일이 아니었다.

"직접 보지 않은 미술 작품을 과연 믿고 온라인을 통해 쉽게 구매할 수 있겠는가?"

논문을 준비하면서 가장 많이 들었던 질문이다. 나는 이 질문에 대해 답할 수 있는 실마리를 구글 아트 프로젝트를 소개하는 강연에서 찾을 수 있었다.

2011년 2월 구글은 세계의 유수 미술관과 박물관의 소장품들을 인터넷으로 쉽게 감상할 수 있도록 설계한 구글 아트 프로젝트Google Art Project를 런칭했다. 한달 뒤 이 프로젝트를 시작한 디렉터 사미트 수드가 TED를 통해 프로젝트를 시작한 배경를 설명하고 실제로 아트 프로젝트를 청중들 앞에서 시연했다. 인터넷만 있으면 세계적인 미술관의 소장품들을 어느 누구나 감상할 수 있고, 육안으로 보기 힘든 디테일한 부분까지 볼 수 있다는 것을 강조했다.

사미트는 프로젝트를 시작한 배경으로 자신이 인도에서 좋은 교육을 받으며 성장했지만 세계의 유수 미술관과 박물관을 다니며 소장품을 볼 기회가 없었던 예를 들었다. 그래서 컴퓨터 기술을 통해 세계인에게 미술품의 접근성을 높여주는 방안을 찾아 본 것이라고 했다. 18개월 동안 작업한 후 세상에 내놓은 것이라고 하며 강연 끝에 그는 자신이 가장 많이 듣는 질문이 있다며 말했다.

"구글 아트 프로젝트를 박물관에 가는 경험을 복제하기 위해서 만들었습니까?'란 질문을 많이 받고 있어요. 그 질문에 답하자면 '그렇지 않다'는 것이에요. 박물관을 방문하는 경험을 보충하기 위해서 만든 것입니다."

구글 아트 프로젝트 Google Art Project: 구글과 파트너십의 미술관 소유 작품을 온라인에서 실제 미술관에서 보는 느낌으로 감상할 수 있게 고해상도로 볼 수 있는 서비스를 말한다.
TED (Technology, Entertainment, Desgin): TED는 미국의 비영리 재단에서 운영하는 기술, 엔터테인먼트, 디자인 등과 관련된 강연회다.

그의 대답이 긴 여운을 남긴다. 테크놀로지는 직접 미술품을 감상하고 구매하는 경험을 대체하지 못한다. 하지만 보충할 수 있는 역할에 초점을 맞추자 철통같이 닫혀 있던 교수님들의 마음을 열고 설득할 수 있었던 것이다.

카터 역시 새로운 아이디어로 변화에 소극적인 미술시장을 설득시키는 일이 쉽지 않았을 것이다. 역시나 그도 기존의 미술품 구매방식을 고수하는 컬렉터들을 설득하는 것뿐만 아니라 미술시장을 이끄는 아트 딜러들과 기관을 설득하는 것에 엄청 애를 먹었다고 한다.

하지만 어느새 아트시는 2,500개 이상의 갤러리와 700개의 미술관과 협력하는 규모로 발전했다. 아트시를 시작할 당시만 해도 21살밖에 되지 않았던 그가 어떻게 세계적인 미술 기관을 설득시켰는지에 대해 사람들이 놀라워한다.

"초기에는 아트시에 정보를 올려 달라 애원했어요. 설득에 설득을 거듭해 제휴를 맺어 정보를 수집하는 방법을 썼지만 진도가 나지 않았죠. 그래서 제가 한 일은 팀원들과 투자자, 자문위원들에게 왜 세계 미술품 정보가 아트시 플랫폼에 모여야 되는지에 대해서 이해시켰어요. 그랬더니 그들이 미술시장을 설득시키기 시작했어요. 그리고 곧바로 세계 미술시장에서 가장 파워풀한 가고시안Gagosian과 페이스 갤러리Pace Gallery가 등록했죠. 그때부터 일사천리로 일이 진행되기 시작했어요."

지금은 매월 수백 군데가 넘는 갤러리가 제휴를 요청하고 있지만 지원서를 뽑는데 까다로운 심사를 거쳐야 할 정도로 상황이 달라져 있다.

카터는 기존 시장을 설득하고 나서 사업을 확장해 가는 일이 쉬웠다 이야기한다. 사업의 성장 동력을 찾기까지가 어렵지 그걸 찾고 나면 풀리지 않을 것만 같아 막막했던 일들도 일사천리로 진행되는 아트시의 모습에서 많은 후배 창업가들이 힘을 얻게 되는 것 같다.

아트시는 갤러리들을 연결시키는 중개료로 수익을 얻고 있어 현재는 고수익을 얻지는 못하고 있다. 하지만 수익보다는 비전이라는 카터의 철학이 있기에 전망은 매우 밝다. 카터는 자신의 롤모델로 아마존을 창립한 제프 베조스를 이야기한다. 제프는 아마존을 시작하고 장기간 수익을 사업에 재투자하면서 책 전문 온라인 판매 사이트였던 아마존을 모든 품목의 온라인 판매를 주도하는 플랫폼으로 성장시켰다. 아트시도 성장보다는 재투자를 통해 속도는 느리지만 전세계인들에게 미술정보를 제공할 수 있는 플랫폼으로 성장하겠다는 비전을 실현하기 위해 달려 나가고 있다.

카터의 성공 비결은 순진함에 있다. 그는 여러 번의 거절을 겪으면서도 무지할 정도로 순진했기에 모든 것을 이겨낼 수 있었다고 스스로도 인정한다.

창업 초기에 와이컴비네이터에 지원했지만 서류 전형도 통과하지 못했다. 하지만 그는 아이디어가 좋지 않아 떨어진 게 아니라 그 해 경쟁자들이 출중했기 때문이라 굳게 믿었다. 그만큼 순진하고 긍정적이었다. 이런 긍정적인 마인드는 수많은 거절 속에서도 위축되지 않고 아트시 아이디어를 알아봐줄 한곳을 찾기 위해 끊임없이 도전하게 해주었고 결국 스탠포드 대학 스타트업 아이디어 경진대회에서 1등 상금을 받게 됐다. 그는 기쁜 마음으로 자신의 멘토를 찾아갔다. 하지만 그에게서 다시는 듣고 싶지 않는 말을 듣는다.

"이 아이디어는 절대 성공 못해. 그저 투자자들의 돈을 까먹는 것밖에 되지 않아."

하지만 그는 끝까지 밀어붙였다. 꿋꿋이 목표를 향해 밀고 나갔다. 그리고 세계에서 가장 큰 규모의 온라인 아트 플랫폼을 탄생시켰다. 진실하게 밀어 붙이는 힘의 진면목을 보여 주었다.

창업으로 성공하는 사람이 되고 싶은가?
그러면 먼저 진실하게 접근하라!

러쉘 & 잭
Russell D'Souza & Zack Groetzinger
Founder @SeatGeek
Founded in 2009
#온라인티켓

{ 온라인 티켓시장의 애그리게이터 }

시트긱의 잭과 러쉘

보스토니언의 스포츠 사랑

2005년 개봉한 영화 〈나를 미치게 하는 남자Fever Pitch〉는 스포츠 도시로 알려진 보스턴의 문화를 잘 보여준다. 보스턴 '레드삭스Red Sox'의 광팬인 벤(지미팰론 역)에게 린지(드류베리모어 역)란 애인이 생기면서 벌어지는 로맨틱 코미디물이다.

유능한 비즈니스 컨설턴트인 린지는 하루 종일 일에 파묻혀 사는 워커홀릭이다. 어느 날 수익은 적지만 인생을 즐기며 사는 고등학교 교사 벤과 한눈에 반해 열렬히 사랑에 빠진다. 완벽한 남자를 만났다 생각하고 있던 찰나에 서서히 그녀의 환상이 깨지기 시작한다. 벤이 심각한 야

보스토니언 Bostonian: 보스턴 시민들

구 광팬이었던 것이다. 벤은 야구 시즌이 다가오자 점점 본색을 드러낸다. 경기 일정에 모든 스케줄을 맞추고 데이트를 바람 맞추기 일쑤다. 린지는 허구한 날 벤의 또 다른 사랑인 보스턴 야구팀 '레드삭스'와 경쟁을 해야만 했다.

영화의 마지막 장면은 보스턴 야구역사에 길이 남은 2004년 세인트루이스 '카디널스'와 치룬 월드시리즈 경기장면이다. '레드삭스'는 1918년 이후 단 한 번도 우승을 차지하지 못했는데 아이러니하게도 영화가 개봉되기 몇 달 전 치러진 2004년 월드 시리즈에서 86년 만에 우승을 거머쥠으로써 영화의 해피엔딩 씬을 장식한 것이다.

영화에서 보여주는 보스토니언들의 스포츠 사랑은 야구에만 국한되어 있지 않다. 아이스하키, 미식축구, 농구 등 다양한 스포츠팀에 대한 사랑으로 널리 알려져 있다.

보스턴뿐만 아니라 미국은 온 국민이 스포츠를 사랑한다. 평일에도 뉴욕 양키구장을 가득 메운 관중들.

이벤트 티켓시장의 괴짜를 만들다

시트긱을 창업한 잭과 러쉘은 대학 졸업 후 컨설팅 회사에 취직하기 위해 보스턴으로 이사를 왔다. 뉴햄프셔주 하노버 전원지대에 위치한 자연친화적이고 조용한 다트머스 대학 캠퍼스에서 4년을 지낸 이 둘에게 보스턴의 열광적인 스포츠 사랑은 처음 경험해보는 것이라 신기하기만 했다.

"스포츠팀에 대한 애정이 얼마나 열정적인지 경기 티켓이 매번 눈 깜짝할 사이에 매진됐어요. 좋은 티켓을 구하기 위해서는 수시로 티켓 사이트를 돌아다니며 확인을 해야 했어요. 이런 일을 반복하다 보니 각각의 사이트들이 판매하고 있는 티켓 종류와 가격이 천차만별이란 걸 알게 됐죠. 괜찮은 티켓을 찾았다 생각해도 조금 더 찾아보면 더 좋은 티켓을 찾지 않을까란 희망으로 웹서핑을 하다 실패하고 처음 사려고 했던 티켓을 구매하러 다시 돌아오면 그 사이 누가 사버리는 경우가 허다했죠. 그럴 때면 매번 시간도 아깝고 허탈했어요."

이런 불편함을 해소할 만한 방법이 있을 거라 생각했다. 온라인에 올라온 모든 스포츠 경기, 콘서트, 공연 티켓 가격과 정보를 볼 수 있는 플랫폼이 있다면 좋을 거라는 생각으로 잭과 러쉘은 시트긱을 디자인했다. 자신과 같이 더 나은 티켓을 찾고자 하는 유저들에게 효율적으로 찾을 수 있게 도와주는 게 궁극적인 목표였다.

시트긱을 만들기 전 가장 크게 영감을 받은 곳은 여행업계에서 이미 성공한 카이야크Kayak와 익스피디아Expedia 같은 티켓 애그리게이터 aggregator였다.

카이야크는 미국에서 비행기 티켓을 구매할 적에 친구들이 매번 애용하는 사이트였다. 비행기 티켓을 판매하는 모든 사이트의 가격을 한 곳에서 비교할 수 있다는 점 때문에 출장이나 여행을 자주 가는 사람들에게 인기를 끌었다.

여행업계에서는 이미 성공을 거둔 애그리게이터의 사례들이 많은데 아직 이벤트 티켓시장에서는 대표할 만한 곳이 없다는 것에 주목하며 카이약을 롤모델 삼아 시트긱을 만든 것이다.

"방문객이 시트긱에서 티켓을 클릭하면 티켓 판매처 결제 페이지로 바로 보내져요. 대부분의 티켓 대행사들이 25% 정도의 수수료를 떼는데 우린 그 수수료에서 8%를 수수료로 받고 있죠. 처음에는 대행사들이 우리와 파트너십을 맺으려 하지 않을 것 같다고 이야기했는데 그렇지 않아요. 시트긱을 통해 사이트로 흘러 들어가는 방문객 수가 늘어난 걸 경험했기 때문에 오히려 반기는 분위기죠. 사이트 방문객수를 늘리기 위해 이전에는 구글이나 빌보드에 광고를 내는 방법을 선택했지만 저희와 파트너십을 맺는 게 더 저렴한 가격으로 광고 효과를 극대화 시킬 수 있다는 것을 알고 함께 일하려고 하죠."

카이야크 Kayak: 항공, 숙박, 렌터카를 검색할 수 있는 여행 검색 엔진이다.
익스피디아 Expedia: 익스피디아는 주로 호텔, 항공권 등 여행에 관한 온라인 예약과 결제를 통합적으로 관리해주는 온라인 플랫폼이다.
애그리게이터 Aggregator: 여러 회사의 상품이나 서비스에 대한 정보를 모아 하나의 웹사이트에서 제공하는 인터넷 회사나 웹사이트를 이야기한다.

러셀은 시트긱이 단순한 티켓 판매 사이트가 아닌 기술을 기반으로 한 벤처기업이라고 강조한다.

"시트긱이 다른 곳들과 차별되는 서비스는 온라인상에 나와 있는 모든 티켓들을 가격, 좌석, 판매 티켓 수 등을 바탕으로 비교해 점수를 매기는 '딜 스코어Deal Score'란 기능이 있다는 거예요. 본인이 구매하고자 하는 티켓이 시장에서 얼마나 가치가 있는지를 데이타 분석을 통해 점수를 매겨 고객들이 티켓을 선택하는데 효율적으로 판단할 수 있는 기준을 마련해 준 것이죠."

시트긱은 문화사업과 관련된 전반적인 사업을 하다 보니 셀러브리티들의 단순한 관심을 넘어 투자자로 합류한 기업으로도 잘 알려져 있다. 헐리웃에 불고 있는 새로운 바람이 한 몫을 하기도 했다. 이전에는 잘 나간다는 셀러브리티들이 프라이빗 섬, 개인용 제트기와 부동산 등으로 부를 과시했다면 요즘은 어마어마한 부를 사회 발전에 기여하는 벤처기업에 투자하는 분위기로 흐르고 있다. 시트긱은 셀러브리티들이 종사하는 산업과 관련된 일이라 더 많은 관심을 끌어들일 수 있었다.

시트긱에 제일 처음 관심 기울인 셀럽은 헐리웃 영화배우 애쉬톤 커쳐Ashton Kutcher가 공동창업한 벤처캐피털사A-Grade Investments였다. 뒤이어 힙합 가수이자 성공한 사업가인 나스Nas와 뉴욕 농구팀 닉스의 간판스타 카멜론 앤쏘니Carmelo Anthony가 공동창업한 멜로테크파트너

셀러브리티 Celebrity: 유명인사
셀럽Celeb: 유명인의 줄임말

Melo7 Tech Partners, 그리고 미국 슈퍼볼의 MVP 선수들이 뒤를 이어 합류
했다. 각 분야의 최고들의 관심과 지지를 등에 업고 시트긱은 경쟁사들
을 긴장시키며 무섭게 성장하고 있다.

두 번의 연습게임

러셀과 잭은 그 어느 공동 창업자들보다도 각별해 보였다. 10년 전 대
학 동기로 만난 절친이자 비즈니스 파트너로 돈독한 우애를 과시하고 있
다.

러셀과 잭은 시트긱을 창업하기 전에 두 번의 창업을 함께 했고, 두 사
이트를 모두 다른 기업에 인수시킨 자금으로 시트긱의 초기 사업 자금
을 마련했다.

이들은 대학교 3학년 때 첫 사업을 시작했다. 기숙사나 대학 캠퍼스 주
변에 살고 있는 학생들에게 매학기 렌탈비를 받고 가구와 전자용품들
을 렌트해주는 사업이었다. 대학 졸업 후 취업을 위해 다른 도시로 이사
를 가는 졸업생이나 기숙사에서 나와 외부 아파트로 이사하는 친구들
에게 가구를 사지 않고 저렴한 가격으로 렌트한다는 아이디어는 굉장
히 창의적이었다. 모교인 다트머스 대학에서 시작한 지 얼마 안 돼 주
변 대학에서도 프렌차이즈를 열어 달라는 요청을 받을 정도로 뉴햄프셔
New Hampshire 주에 있는 하노버Hanover 지역 학생들이 운영하는 사업 중에
서 가장 성공한 비즈니스로 성장했다. 2007년 졸업과 동시에 다른 기업

뉴햄프셔 New Hampshire: 미국 북동부에 있는 주이다. 북쪽으로는 캐나다의 퀘백 주와 국경을 접하며, 남쪽으로는 메사추세츠 주와 접하고 있다. 아이비리그 소속 대학의 하나인 다트머스 대학교가 있는 곳으로 유명하다.

에서 인수했다.

잭과 러셀은 전공을 살려 세계적인 컨설팅 회사에서 일을 하기로 했다. 그렇게 선택한 것이 보스턴이었다. 그들은 뜻대로 보스턴 컨설팅 회사에 각자 취직했지만, 1년이 조금 넘자 다시 뭉칠 때가 되었다고 느꼈다.

그렇게 회사를 그만두고 시작한 두 번째 사업이 각 분야의 블로거들을 검색할 수 있는 '스크리브니아Scribnia'란 이름의 검색엔진이었다.

"스크리브니아를 시작하면서 '돈을 벌 수 있는 비즈니스 모델은 나중에 생각하고 사람들에게 필요한 것'을 만들어보자고 생각했어요. 사이트를 오픈한 지 얼마 되지 않아 점점 방문객 수가 많아졌지만 그때는 사이트를 통해 어떻게 돈을 벌어야 할지 아이디어가 없었어요. 그런데 2009년 6월쯤에 갑자기 사이트 트랙픽이 증가하면서 바이어들이 관심을 갖기 시작했어요. 그때 고민을 많이 했죠. 몇 년 더 사이트를 운영하면서 성장시켜야 되는지 아니면 사이트를 사고 싶어 하는 바이어들에게 팔고 새로운 비즈니스를 시작해야 되는지. 그 당시 우린 새로운 아이디어에 목말라 있었는데 때마침 좋은 조건의 제안을 받아 팔기로 결심했죠."

사업이 잘 되고 있었지만 미련 없이 새로운 일에 도전할 수 있었던 가장 큰 이유는 스크리브니아가 시트긱 같이 시장에 획기적인 변화를 가져다 줄 정도로 혁신적이지는 않았기 때문이라고 한다. 인터뷰를 하며 이 둘은 지난 10년간 두 번의 탄탄한 연습게임을 마친 준비된 사업가이자 오랜 시간 시합을 함께 맞춰온 비즈니스 파트너라는 점이 시트긱의 성공 원인 중 하나란 걸 확인할 수 있었다.

경쟁자를 피하는 법

"당신의 경쟁자는 누군가요?"

어느 기업이나 경쟁자는 있기 마련이다. 따라서 이것은 인터뷰 중 매번 빼놓지 않고 하는 질문이다. 답변은 몇 가지 유형으로 나뉜다.

첫째, '아이 돈 캐어형'이다. 경쟁자가 당연히 누군지는 알지만 별로 신경 쓰지 않는다는 쿨한 태도로 일관한다.

둘째, '초긍정형'이다. 선의의 경쟁자가 있기에 본인들이 더욱더 성장 할 수 있는 원동력이라 고맙기까지 하다는 의연한 태도를 보인다. 가장 많은 유형이다.

셋째, '자뻑형'이다. 시장에 우리의 경쟁자는 없다고 자부한다. 우리는 엄연히 그들과 다르다는 일관된 태도를 보이는 것을 보면 정말 없다 믿는 건지 자기 주문을 걸어 경쟁자를 없애고 싶어 하는 건지 잘 모르겠다. 소수가 이 유형에 속한다.

시트긱은 가장 보편적인 이 세 가지 유형에는 없는 '경쟁자 제거형'이었다. 시트긱을 시작하기 전에 라이브 이벤트 티켓 시장에는 이미 '팬스냅FanSnap'이란 선두기업이 있었다. 벤처기업 출신의 CEO가 사업을 이끌고 있었고 카이약Kayak의 임원들이 투자를 한 쟁쟁한 경쟁자였다. 그런데 후발주자인 시트긱이 모든 점에서 앞서 나가기 시작했다. 그러자 팬스냅은 소리소문 없이 시장에서 사라졌다.

시트긱이 인수해 버린 것이다. 팬스냅이 가지고 있던 이벤트 맵핑 시스템이 굉장히 경쟁력 있어 그 기술이 시장에 계속 남아 있으면 위협적일 수 있단 판단으로 투자받은 투자금으로 인수 결정을 내린 것이다.

이제는 시트긱을 모델로 삼고 도전장을 던지는 초기단계의 기업들이 생겨나고 있다. 그들이 두렵지 않냐는 질문에 시트긱은 따라오기 힘들 정도로 기술력을 벌려놓는데 집중했기에 괜찮다며 자신감을 보였다.

초창기에는 큰 성장을 보이다 서서히 성장을 멈추는 스타트업들도 있고, 끝까지 경쟁에서 살아남는 스타트업들도 있다. 시장에 살아남기 위해선 사업 초기 성장견인력을 갖추는 게 중요하다. 시트긱은 초기부터 견인력을 갖춰 그 탄력을 유지시키려는 노력을 끊임없이 해왔다. 사업 초기 야후 스포츠와 파트너십을 맺으며 방문객 수를 늘리며 이름을 알렸다. 그 다음은 월스트릿 저널과 파트너십을 맺어 성장 가속도를 붙여 충성고객층을 만들어 나갔다. 2012년도에는 다른 곳보다 더 빠르게 모바일 앱 사업에 집중하기 시작했는데, 그것이 지금은 시트긱 수익의 45%를 책임지는 효자 사업이 됐다.

창업 전, 내 아이디어를 빼앗길까 노심초사했던 적이 있다. 시장조사를 시작하며 진지하게 우리의 경쟁자는 누구인지를 파악하는 단계에서도 괜히 조심스러웠다. 이런 내게 경험 있는 한 창업가는 이런 이야기를 건넸다.

"인생에서 가장 위협적인 건 경쟁자가 아닌 바로 당신이에요."

경쟁자를 두려워하는 것은 제품에 대한 자신감이 없는 사람이나 갖는 것이라며 자신감을 가지라 충고했다. 창업을 한 지 1년이 지나고서야 마음이 변한 걸 알 수 있었다. 그것도 어느 날 사무실을 방문한 친구의 한 마디에 동요되지 않는 내 자신을 발견하고서야 두려움에서부터 자유로워졌단 걸 알게 됐다.

"얼마 전 신문기사에서 MC시장의 최초 O2O서비스라고 떴는데, 그게 너희 서비스 아니었어?"

창업을 하고 생존에 허덕이던 1년 사이 우리와 유사한 서비스가 런칭됐다. 타 서비스를 둘러보며 아이러니하게도 두려운 마음보다 감사한 마음이 들었다. 우리 서비스가 시장에서 니즈가 있다는 것을 반증해 주는 것이고, 이들의 존재는 우리가 더 열심히 하루하루 살아가야 하는 자극제가 되었기 때문이다.

사업을 하다 보면 끊임없이 내 자리를 탐내는 경쟁자들이 생겨 날 것이고 끝없이 경쟁해야 하지만 그 과정 또한 서비스가 견고해지고 발전하기 위한 자극제다. 그들이 있기에 내가 존재할 수 있다 생각한다면 굳이 그들을 피할 이유는 없다.

경쟁자에게 초연하라!
그것이 나를 더욱 돋보이게 한다.

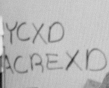

데이비드 마푸다 David Mahfouda
Founder @Bandwagon
Founded in 2009
#택시합승

{ 택시합승도 이제는 스마트하게 }
밴드외건의 데이비드 마푸다

소유경제를 넘어 공유경제 사회로

최근 몇 년간 떠오르는 키워드 중 하나가 '공유경제Sharing Economy'
다. 2008년 하버드 법대 로렌스 레식Lawrence Lessig 교수에 의해 처음 확
립된 개념이다. 미국의 서브프라임 모기지론 사태가 발생하면서 경
제 침체의 탈출구로 '공유경제Sharing Economy'가 사회적으로 큰 관심을 받
게 된 것이다.

20세기가 물품을 소유하는 인식으로 과잉생산과 소비를 이뤘다면, 21
세기는 이미 존재하는 물품을 서로 대여해주고 공유하는 개념인 협력
적 소비Collaborative Consumption를 이루고 있다. 이런 시대 흐름에 따라 공
유경제 개념을 이용한 비즈니스 성공 사례도 늘어나고 있다.

협력적 소비 Collaborative Consumption: 협력적 소비는 공유경제의 한 요소 중 하나다.
소유하고 있는 기술과 자산을 필요한 사람들끼리 빌려주고 빌리며 서로 공유하는 소비 형태를 이야기한다.

젊은 여행객들 사이에서 각광 받고 있는 대표적인 사이트 에어비앤비 Airbnb가 그 중 하나다. 에어비앤비는 현지인들의 거실 소파나 빈방과 같이 집의 여유 공간을 여행객들에게 렌트 해주는 사이트다. 해외여행을 다녀본 이라면 한 번쯤 싼 가격의 숙소를 찾기 위해 사용해 봤을 거다. 여행객은 저렴한 가격에 머무를 수 있어 좋고, 집주인은 여유 공간을 활용해서 돈을 벌 수 있어 선호하는 신생 비즈니스다. 우리는 공유경제란 개념에 대해 알기 전부터 생활 속에서 에어비앤비와 같은 협력적 소비를 기반으로 한 서비스들을 애용하고 있다.

미국으로 유학 온 몇 개월 간은 햄버거에 피자를 아침저녁으로 매일 먹어도 질리지 않았을 만큼 빛의 속도로 적응해 가는 내 모습이 놀라웠다. 하지만 3개월이 지나고 지난 1~2개월 동안 새로운 환경에 대한 호기심만으로 충분했다는 사실을 알았다. 기름진 음식에 부대끼기 시작했고 뭘 먹어도 밥과 김치로 마무리하지 않으면 먹은 것 같지 않는 증상이 나타나기 시작했다. 도심 곳곳에 한국 음식점과 한인 마트가 있는 뉴욕과는 달리 시카고는 도심에서 한국 음식을 찾는 건 쉬운 일이 아니었다. 시외 지역으로 나가기 위해 매번 차가 있는 친구에게 부탁하고 얻어 타는 것도 더 이상 못할 짓이었다.

그때 효율적인 자동차 렌탈 서비스 집카Zip Car서비스를 알게 됐다. 집카는 자가용이 가끔 필요한 이들이 연간 멤버십에 등록하면 앱을 통해 간단히 사용할 수 있었다. 저렴한 가격으로 필요한 시간만큼 자가용을 공유할 수 있다는 점에서 나 같은 유학생이나 주말에만 잠깐 자동차가 필요한 직장인들에게 정말 효율적인 카 쉐어링 서비스다.

　뉴욕에서는 자가용이 아닌 자전거를 빌려 타고 등하교를 하곤 했다. 2013년부터 시행한 시티 바이크Citi bike도 공유 경제의 산물 중 하나다. 뉴욕은 서울과 마찬가지로 출퇴근 시간이면 지옥철이 된다. 주말에는 보수공사 때문에 운영이 되지 않거나 노선이 변경되는 경우가 비일비재해 많은 불편함을 호소하거나 아예 출퇴근을 자전거로 하는 자전거족이 많다. 뉴욕교통국은 이 문제를 해결하기 위해 시티 바이크를 시행했고, 맨하탄과 브루클린 일부 지역에 600개 이상의 정거장과 만 대의 자전거를 비치했다. 시행한 지 1년도 되지 않아 이용자가 9만 명을 훌쩍 넘었을 정도로 인기를 끌었다.

맨하탄 곳곳에 설치된 시티바이크. 시티바이크 설치 후, 출퇴근을 시티바이크로 할 정도로 편리하다.

(2016년 기준) 좁은 맨하탄 아파트에 보관하기 힘든 자전거를 굳이 소유하지 않고도 도심 곳곳을 자전거로 이동할 수 있다는 점 때문에도 뉴요커들은 열광한다.

　필요할 때는 빌려 쓰고 필요 없을 때는 빌려주는 협력적인 소비는 현대인에게 익숙하다. '공유경제' 개념이 크게 확대될 수 있었던 것은 소비에 대한 태도와 환경이 변했기 때문이다.

　우리는 이전 세대에 비해 덜 유형적이다. 음악을 듣기 위해 CD를 구매하기보다 재생 가능한 음악을 필요로 하고, 무겁게 들고 다니며 읽을 종

이책보다는 내용을 읽을 수 있는 텍스트를 더 필요로 한다. 이전의 소비 형태인 '소장가치'보다는 욕구를 충족시키는 '이용가치'를 추구하고 있다.

2011년 출판된 〈위 제너레이션We Generation〉의 저자 레이철 보츠먼 Rachel Botsman은 향후 10년을 지배할 머니코드로 공유경제를 들었다. 베이비붐 세대 자녀들이 이끌 시장은 과시형 소유가 아닌 실속형 공유가 주도할 것이라고 주장한다. 레이철은 2010년 시드니에서 열린 TED 강연에서 참석자들에게 이렇게 말했다.

"여러분 중 얼마나 많은 분들이 집에 전동드릴을 가지고 계세요? 사람들이 평생 동안 전동드릴을 사용하는 시간은 12~13분 정도에 불과하다고 합니다. 너무 어이없죠? 여러분이 원하는 건 구멍이지 드릴이 아니니까요. 그렇다면 드릴을 대여하거나 여러분의 드릴을 필요한 사람들에게 소정의 대여료를 받고 대여해주는 건 어떨까요?"

우버Uber가 일으키는 불협화음

교통과 관련된 신생 비즈니스 중 하나가 승객과 가장 가까운 곳에 있는 운행 가능한 차량을 연결해주는 자동차 공유 서비스다.

대표적인 것으로 우버Uber가 있다. 우버가 제공하는 서비스 중에 논란이 되는 것은 우버엑스UberX다. 우버엑스는 영업용 택시가 아닌 회사 시

내용 출처: Botsman, Rachel. "The Case for Collaborative Consumption." TED. Australia, Sydney. May 2010. Web. 18 Feb. 2017.

스템에 등록된 기사들이 승객과 가장 가까운 곳에 있는 차량을 연결시켜주는 서비스다. 개인 차량을 가진 누구나 회사에 기사로 등록돼 있기만 하면 택시 영업을 할 수 있다는 것 때문에 투잡을 필요로 하는 사람이나 파트타임으로 일하는 기사들에게 인기다. 승객은 차량검색부터 요금 결제까지 스마트폰 어플리케이션으로 가능해서 좋다. 일반 택시와는 달리 승객이 원하는 곳에서 승차가 가능해 늦은 시간에도 언제나 사용할 수 있다는 장점 때문에 사용자가 빠르게 확산되고 있다.

하지만 택시 업계에서는 거세게 반발하고 있다. 택시 영업을 위해서는 신원 확인은 물론 면허와 자격증을 갖춰야 하는데 우버는 이런 절차를 생략하고 차만 있다면 누구나 승객을 받을 수 있다는 점에서 기사들의 생계를 위협하고 있다. 게다가 신원이 불확실한 우버 택시 기사가 여성 승객을 성폭행한 사건이 일어나면서 우버에 대한 제재가 필요하다는 목소리가 힘을 얻고 있다.

우버와 같은 차량공유 서비스는 도시의 택시 부족 현상과 고객들의 불편함을 개선해 줄 수 있다는 이점은 있지만, 아직은 기존의 질서를 흔드는 단점이 있어 부정적으로 인식되고 있는 실정이다.

밴드외건의 윈-윈 전략

대부분의 자동차 공유회사들은 아마추어 기사를 고용함으로써 문제를 드러내고 있다. 하지만 뉴욕에는 시의 관심과 든든한 지원을 받는 기업도 있다. 법의 테두리 안에서만 서비스를 운영하려는 노력을 기울인 택시 합승앱 밴드외건이 대표적이다. 밴드외건의 창업자 데이비드는 우버를 의식한 듯 자랑스럽게 말한다.

"밴드외건은 시작부터 기존 택시업계와 경쟁하기보다는 이들의 구식화된 시스템을 좀 더 나은 방향으로 변화시키는데 목적을 뒀어요. 이미 존재하는 시스템을 업그레이드시켜 택시회사 기사들을 도와주는 게 우리의 목표죠."

밴드외건은 주변에 목적지가 비슷한 승객들을 연결해 합승을 도와주는 어플리케이션이다. 주변에 같은 목적지를 가고자 하는 사람이 있는지 어플리케이션을 통해 검색한 후 그 사람의 프로필을 확인하고 둘 다 합승에 동의하면 중간지점에서 만남을 갖는다. 택시요금은 합승 후에 어플리케이션을 통해 나눠 내는 시스템이다.

"언뜻 들으면 밴드외건 비즈니스가 택시 기사들에게 불리한 게 아닌가란 생각이 들 거예요. 택시 합승을 권장하게 되면 전체적으로 운행

량이 줄어들기 때문이죠. 하지만 저희는 택시회사로부터 일정량의 운행 횟수를 구매하고 한 좌석 한 좌석에 소액의 마진을 붙여 승객에게 좌석을 재판매하는 방식으로 운영되기 때문에 승객이 추가될 때마다 기본요금이 한 명을 태우고 운행할 때보다는 높게 나와요. 택시가 한 승객을 위해 운행될 때의 요금보다 승객을 한 명 더 태우게 되면 요금을 더 높게 받을 수 있는 거죠. 또한 승객은 혼자 탈 때보다 합승할 때 상대적으로 적은 요금을 낼 수 있어 택시와 승객 둘 다 윈윈할 수 있는 시스템이죠."

주변에 목적지가 같은 탑승객을 밴드외건 앱을 통해 쉽게 찾을 수 있다.

MIT에서 수년간 뉴욕시 택시 운행 패턴을 분석한 결과 같은 목적지를 가는 승객들이 합승했을 경우 택시 운행량을 40%까지 줄일 수 있고, 운행 비용과 이산화탄소 배출량을 줄일 수 있다는 발표가 있었다. 데이비드는 이를 바탕으로 비즈니스 모델이 사회와 업계에 어떤 영향을 끼치는지 실제로 실험했다고 한다.

2014년 라스베가스에서 열린 세계가전전시회Consumer Electronics Show에서 참가자들을 상대로 데모 버전을 서비스했다. 결과는 놀라웠다. 4일간 합승을 통해 2천만 원의 택시 요금과 운행 비용, 그리고 1000파운드 정도의 이산화탄소 배출량이 절감됐다는 것을 확인한 것이다. 어디 그뿐인가? 승객들의 시간도 그만큼 많이 절약해 주었다.

뉴욕시가 밴드외건에 주목하는 것은 당연한 일이다. 도로 위의 차량 운행횟수를 줄여 교통체증을 완화시켜주는 것과 에너지를 절감 시켜준다는 효과에 큰 기대를 걸고 있다.

하루에도 수만 명의 이용객이 북적이는 뉴욕 공항의 가장 큰 문제점인 택시 부족 현상도 밴드외건이 해결하고 있다. 이전에는 오랜 비행 끝에 뉴욕에 도착하고도 택시를 타기 위해 긴 줄을 서야 할 때가 많았다. 하지만 밴드외건은 긴 택시 줄에 서 있는 여행객이 합승할 의사가 있는 승객을 찾는 홉레인HOP Lane을 만들었다. 사람들은 길게 늘어선 줄에서 어떻게든 빨리 앞줄로 가고 싶어 한다는 습성을 잘 활용한 것이다.

"택시 합승을 유도하기 위해 굉장히 재미난 실험을 한 적이 있어요. 기차역에 길게 늘어선 택시 줄 앞에 선 사람에게 이번에 오는 택시를 타지 않고 양보하면 현금을 주겠다고 제안했죠. 그런데 어느 누구도 그 제안에 혹한 사람이 없었어요. 심지어 5달러에서 20달러로 금액을 올렸는 데도 말이죠. 길게 늘어선 줄에서 사람들이 원하는 건 오직 앞 줄에 서서 한시라도 빨리 목적지로 향하는 것이었어요. 승객들의 이런 습성을 이용해 택시 합승을 유도하고 있지요."

데이비드와 인터뷰를 하며 궁금증을 멈출 수 없었다.

"아무리 기다리는 걸 싫어해도 낯선 사람과 합승하는 게 달갑지만은 않을 텐데, 이 문제는 어떻게 해결하셨나요?"

하지만 그는 이런 질문에 명쾌한 질문으로 되받았다.

"곰곰이 생각해 봐요. 택시를 타는 순간 우리는 이미 처음 보는 택시 기사와 함께 나눠 타고 있는 것 아닌가요?"

작년 뉴욕을 방문했을 때 새로 이사한 브루클린 사무실로 초대해 준 데이비드와.

의미 있는 일을 해라!

밴드외건 사무실 벽에는 눈에 뛰는 문구 하나가 적혀 있다. 각종 연장 도구들을 이용해 한 글자 한 글자로 만든 문장이다.

"Do something that matters!"
무엇인가 의미 있는 일을 해라!

사무실 벽면만 봐도 밴드외건이 어떤 가치를 추구하는 회사인지를 짐작할 수 있다. 다양한 연장들이 모여 한 문장을 만들듯 그는 서로 협동하면 더 나은 가치를 만들 수 있다 자부한다.

"밴드외건은 제가 자라오면서 경험했던 세 가지 것들이 콜라보레이션이 돼 나온 비즈니스예요. 첫째는 협동심이에요. 학창시절 스포츠팀에서 활동하며 팀원들끼리 경기를 하며 협동심Collaboration에 대한 좋은 경험을 했어요. 둘째는 보수Repair예요. 대학원에서 건축과 엔지니어링을 전공하며 디자인 전략 중 하나인 보수에 대한 관심을 가지게 됐죠. 마지막으로 2006년에 친구들과 러시아-몽골-중국을 거치는 기차여행을 하며 느낀 이동성Mobility에 대한 관심을 가지게 됐어요. 이 세 가지에 대한 관심이 어느 날 복잡한 뉴욕을 걷고 있는데 시민들의 이동을 책임지는 뉴욕 교통 시스템의 문제점을 보게 되면서 합쳐지게 된 거죠. 뉴욕의 이동성의 문제를 협동의 방법으로 보수해 보고자 했고 거기서 밴드외건 아이디어가 나오게 된 거예요."

데이비드가 그리는 밴드외건의 미래는 명확하다. 밴드외건은 전통적인 교통수단인 버스, 기차와 택시 중간에 위치하는 새로운 형태의 소셜 교통수단이 될 것이라 믿고 있다. 지금은 간단한 앱을 통해 그 생각을 변화시키고 있지만 먼 미래에는 많은 사람들이 승용차를 소유하지 않고 생활할 수 있는 이상적인 환경을 꿈꾸고 있다. 현재 비행기나 버스를 소유하고 있는 이가 적듯이 미래에는 자동차를 소유한 이도 적어질 날이 올 것이라 믿는다. 평소에 운행하는 시간보다 주차장에 주차돼 있는 시간이 더 길고 수십만 원의 유지비가 드는 승용차는 곧 정부나 회사에서 제공하는 교통 서비스로 대체될 거란 이야기다.

대학에서 미술계통을 전공해서 그런지 데이비드에게는 종종 아티스트적인 향기가 강하게 느껴졌다. 비즈니스는 영리를 추구하는 활동이기에 어느 시점이 수익분기점인지 중요하게 여길 만도 한데, 데이비드는 수익분기점보다 밴드외건이 사회에 앞으로 끼칠 영향에 대해 더 관심을 보였다.

데이비드는 협력이야말로 우리 사회가 가지고 있는 문제점을 보수할 수 있는 키워드라 굳게 믿고 있었다. 그는 도시가 영감의 근원이라고 입버릇처럼 말하며, 도시의 의존성Dependency에서 가장 큰 영감을 받는다고 했다.

처음에는 무슨 이야기인지 이해할 수 없었다. 대화가 끝나고 집에 돌아오며 바쁘게 돌아가는 도시와 뉴요커들의 삶을 유심히 바라보니 그제야 알 수 있었다.

도시가 형성되고 존재하는 것은 그 안에서 사람들이 서로 의존하며 살고 있기 때문이다. 우리가 먹는 모든 식자재는 타인에 의해 재배된다. 때론 누군가 요리해 준 음식을 사먹기도 한다. 우린 아파트 빌딩에서 타인과 함께 살아가고, 지하철, 버스와 같은 교통수단도 공동으로 사용한다. 생각보다 많은 부분들을 서로 의존하며 살아가고 있었다.

데이비드는 사람들이 서로를 더 믿고 의존한다면 적은 에너지로 더 많은 일들을 해낼 수 있을 거라 믿고 있다. 그것이야말로 협력적 소비의 핵심이라 말하는 그에게서 밴드외건이 앞으로 세상에 어떤 의미 있는 일을 해 나갈지 예측해 보는 것도 가치있는 일일 거란 생각이 든다.

밴드외건 사무실 한쪽 벽에는 사훈이 적혀 있다. 'DO SOMETHING(THATMATTERS)' 의미 있는 일을 해라!

좋은 카메라 들고 사무실 온 김에 단체사진 이쁘게 찍어야겠다며 사무실 한가운데로 모인 화기애애한 밴드외건 팀.

스타트업 키 포인트10
온고지신 법고창신하라!

21세기는 시간이 지나 후대의 자손들에게 급변화의 시대로 기억되지 않을까 싶다. 수많은 변화 속에서도 우리가 잊지 말아야 할 정신은 온고지신 법고창신의 정신이다. 온고지신은 옛것을 배우고 새것을 익힌다는 뜻이고, 법고창신은 옛것을 본받아 새로운 것을 창조한다는 뜻이다. 창업가라면 누구나 가슴에 새겨야 할 말이다.

스타트업의 출발점은 기존 시장이 가지고 있는 문제점에서부터 시작한다. 기존의 시스템을 무너뜨리고 새로운 것을 만들다 보면 기득권 세력으로부터의 저항이 만만치 않다.

내가 만난 수많은 창업가들도 기존시장과의 조화에 대해 가장 많은 고민을 한 흔적이 있다. 아트시는 기존시장을 설득하는 방법을 선택했고 밴드외건은 함께 윈-윈 할 수 있는 시스템을 고민했다.

창업 초기 편리한 시스템을 만들어 놓으면 어느 누구나 사용할 거고 심지어 우리에게 고맙게 생각할 거란 착각에 빠진 적이 있다. 새로운 시스템이 없을 때도 잘 돌아가던 시장에서 사람들은 변화를 두려워했다. 그리고 또 다른 밥그릇 싸움이라 생각하고 가드를 올리기 시작했다. 설득을 했지만 통하지 않았고 우리 팀은 심각하게 해결책이 무엇일지 고민하게 됐다. 그 해결책으로 수수료가 없이 매칭 서비스를 운영하기 시작했다.

이 결정에 가장 많은 영향을 준 건 음식배달 어플리케이션 배달의 민족이다. 높은 수수료 때문에 일어나는 문제점들에 반발한 소상공인과 소비자들을 위해 작년 바로결제 수수료를 폐지했다. 그러자 주문량은 85% 증가 했다. 지금 잠시 매출의 타격을 감수하고서라도 기존시장과의 합의점을 찾지 못한다면 시장에서 도태된다는 걸 알았기 때문에 내린 결정일 것이다.

기존시장을 비집고 들어가야 하는 스타트업의 운명은 언제나 밝지만은 않다. 하지만 모든 문제에는 해결점이 있듯 서로가 윈-윈 하고자 하는 밴드외건의 정신을 갖고 소통한다면 뚫고 나갈 수 있는 실마리가 보이지 않을까?

온고지신 법고창신!
가슴에 새겨야 할 말이다.

CHAPTER3.
{ 세계 트렌드를 이끌다! }
Leading World Trend!

알렉산드라 쳄라 Alexandra Chemla
Founder @ArtBinder
Founded in 2010
#미술시장 #아카이빙

예술과 기술의 행복한 컨버전스 앱개발시대
아트바인더의 알렉산더 쳄라

뉴요커들의 필수앱

하루는 무슨 일이 있어도 전화 외에는 핸드폰을 사용하지 않겠다고 결심한 적이 있다. 그 날은 버스를 놓쳐 수업에 지각하고 맛있는 점심을 먹었지만 인스타그램으로 사진을 남길 수 없어 마음 한구석이 허전했다. 평소에는 모바일 티켓을 보여주면 쉽게 입장할 수 있었는데 그 날은 세미나 티켓을 프린트할 곳을 찾기 위해 오랜 시간 헤매야 했다.

세미나가 끝나고 끝까지 핸드폰을 열지 않았는데 늦은 시간에 집으로 돌아오는 방법과 버스 시간을 알아보기 위해 어쩔 수 없이 열어봐야 했다. 뉴욕 생활에서 스마트폰 앱이 없으면 정말 생활하기 힘들었다.

뉴요커들이 하루 중 가장 많이 사용하는 앱은 구글맵Google Map이다. 맨하탄 골목을 꿰뚫고 있는 뉴요커일지라도 약속시간에 늦었을 땐 가장 빠른 길을 찾거나 버스와 지하철 도착 시간을 확인하기 위해 구글맵을 열어야 한다.

식사시간에도 앱은 필수다. 싱글족이 많다 보니 비싼 물가에 장을 보고 요리를 해 먹는 것보다 테이크 아웃이나 배달시켜 먹는 편이 훨씬 경제적이기 때문이다.

나 역시 바쁜 시간을 쪼개 요리를 하기보다는 시간도 절약하고, 돈을 절약하기 위해 저렴한 그러브허브GrubHub와 같은 음식점 배달앱을 통해 배달해 먹는 일이 잦았다. 가끔 친구들을 만나 새로운 음식점을 찾고 싶을 땐 레스토랑 앱 옐프Yelp를 찾는다. 먹고 싶은 음식 종류와 약속 장소만 검색하면 가장 높은 평점 순으로 수십 개의 리스트가 쏟아져 나온다. 그 중 리뷰를 읽고 부담없는 가격대를 만나면 고민없이 그곳을 약속장소로 삼곤 했다.

다이내믹한 도시인의 여가생활을 보내는 방법은 각양각색이다. 일상의 기록은 인스타그램 사진 공유 앱을 통해 페이스북 트위터, 블로그에 실시간으로 공유를 한다. 이벤트나 모임은 이벤트브라이트Eventbrite와 밋업MeetUp을 통해 티켓을 구매하거나, 행사 당일 만나게 될 참석자들과 대화를 미리 나누며 사전 네트워킹을 하기도 한다.

뉴욕현대미술관이나 구겐하임과 같이 방문객들이 많이 몰리는 전시회장은 앱을 통해 티켓을 구매하고, 프로그램의 상세설명과 전시장 지도를 보기 위해 다운받아 놓는다. 팜플렛을 챙겨 들고 다니거나 티켓을 사

이벤트브라이트 Eventbrite: 이벤트브라이트는 전 세계에서 일어나는 모든 이벤트들을 온라인을 통해 계획하고 홍보하고 참석자간의 네트워킹을 돕고, 티켓판매까지 해주는 기능을 가진 온라인 플랫폼 서비스다.
밋업 Meetup: 밋업은 온라인 소셜 네트워킹 플랫폼으로 전세계적으로 지역에서 일어나는 다양한 주제의 오프라인 모임들을 알리고 참여할 수 있게 도와주는 역할을 한다.

기 위해 줄을 서지 않아도 되기에 전시를 보러 가는 곳은 앱을 미리 저장
해 놓는 것이 좋다.

24살에 아트바인더를 창업한 알렉산드라.   photo credit by Sunny Shokrae

　뉴욕에서 원활한 생활을 하기 위해서는 필수적으로 다운 받아 놓아
야 할 앱들이 수십여 개에 달할 정도여서 매번 폴더에 정리해 놓고 급
할 때 어디에 있는지 몰라 그것을 찾는 것도 일이다. 가끔은 새로운 버전
으로 업데이트된 앱을 다운받기 위해 몇 초를 기다려야 하지만 그 수고
스러움은 뉴요커들이 기꺼이 감내해야 한다. 이런 스마트한 앱들이 복잡
한 도시 생활을 편리하게 해주기 때문이다.

동갑내기 CEO

　뉴욕에 오기 전에 꼭 일을 해보고 싶은 유명 미술관과 갤러리 리스트가 있었다. 기회가 있었지만 내가 첫 일터로 선택한 곳은 미술계에서도 아는 사람만 아는 앱개발 회사 아트바인더다. 당시 IT에 관심 갖기 시작한 나는 미술계에 숨은 핫 컴퍼니가 아트바인더라고 생각했다.

　아트바인더를 알게 된 건 굉장히 우연한 일이다. 한창 수업하고 계시던 교수님이 소개해 줄 사람이 있다며 강의실 뒤에 조용히 앉아있는 한 여성을 앞으로 불렀다. 1년 전 학교를 졸업한 젠Jen선배였다. 자신이 다니는 회사 홍보차 들렀다며 들고 있던 아이패드를 교실에 돌리며 아트바인더에 대해 설명하기 시작했다.

　"갤러리들이 가지고 있는 미술품 자료들-작품사진, 보도자료, 작품가격-을 앱을 통해 간단히 정리해주는 기능이에요. 아트 딜러들이 이 아이패드 하나만 가지고도 세계 어디에서든 컬렉터들에게 작품을 선보이고, 클릭 하나만으로도 작품 정보를 이메일로 전송해 줄 수 있죠. 전 세계를 돌아다니며 컬렉터들에게 홍보하고 판매할 때 가장 세련된 방법으로 작품을 보여줄 수 있는 툴이죠."

　열심히 설명을 들었지만 한 번도 들어본 적이 없는 비즈니스 모델이라 솔직히 무슨 일을 하는 회사인지 정확히 이해하지 못했다. 하지만 오랜 시간 미술시장에 존재했던 상업 갤러리와 옥션 비즈니스에 대한 관심보다는 새로운 가능성을 찾고 싶었던 순간에 만난 신선한 아이디어였기에 관심이 갔다. 수업이 끝나고 젠과 더 자세한 이야기를 나누며 아트바인더에서 새로운 경험을 할 수 있을 것이라 믿고 그곳에서 일을 시작했다.

아트바인더에서 맡은 일은 아시아에 위치한 상업 갤러리와 미술 기관들의 리스트를 확보하는 일이었다. 아시아 전역을 맡다 보니 생각보다 시간이 꽤 오래 걸리는 작업이었다. 몇 주 동안 맡은 일에 매진하며 주위 직원들과 조금씩 친해지고 있던 날, 처음 보는 예쁘장한 아이가 사무실에 들어와 내 옆 자리에 앉았다.

"아! 당신이 젠의 뉴욕대 후배군요?"

나를 잘 아는 듯 먼저 말을 건넸다. 내가 놀라는 표정을 짓자 그녀가 말을 이었다.

"미안해요. 인사가 늦었죠? 출장이 길어져서 이제야 만나게 됐네요. 이야기 전해 들었어요. 앞으로 같이 잘 일해 봐요. 아트바인더 대표 알렉산드라 쳄라Alexandra Chemla예요."

일을 시작하기 전에 알렉산드라에 대한 이야기는 익히 들었다. 캘리

포니아에서 열리고 있는 아트페어로 출장 겸 휴가를 떠나 다음 달쯤 보게 될 CEO가 있다고. 그때는 내 머릿속에 4~50대 금발머리의 비즈니스 우먼이 그려졌었다.

그런데 세상에! 그녀는 나와 동갑내기였다. 대학을 다닐 때나 졸업 후나 나는 어느 집단에서든 항상 막내였다. 그런데 여기에서 동갑내기 CEO를 만난 것이다. 그 후로 나는 사무실에서 그녀를 관찰하는 재미가 쏠쏠했다. 미국사회는 한국과 달리 사회생활에서 나이는 별 의미가 없지만 갓 대학을 졸업한 친구가 사회 경험 없이 직원들을 진두지휘하는 모습이 궁금했다.

"솔직히 저도 사람이다 보니 어린 제 나이가 가끔은 신경 쓰이기도 해요. 그런데 많이 생각 안 하려고 노력해요. 제가 만든 제품에 관해서는 어느 누구보다 가장 잘 알고 있는 전문가라 자신하거든요. 아트바인더의 제품을 만들어내기 위해 많은 고민을 해야 했고, 혼자 미술시장 이곳저곳을 뛰어다니며 홍보하고, 고객을 관리하며 하나부터 열까지 안 한 일이 없을 정도예요. 지금은 팀원들이 겪는 어려움에 조언해 줄 수 있는 위치에 있기에 팀원들이 저를 나이와 상관없이 리더로서 신뢰하고 믿어준다고 생각해요."

그녀는 팀원들로부터 존중받는 리더였다. 처음 아트바인더를 구상하고 팀원을 꾸릴 때까지 1년이 넘는 기간 동안 1인 기업으로 운영한 경력이 있을 정도로 아트바인더 앱 기능 설계부터 마케팅, 고객관리까지 지금 팀원들이 하는 모든 일들을 그녀는 수백 번, 수만 번 반복하고 실수하며 노하우를 쌓아온 것이다.

팀원들도 그런 사실을 잘 알기에 그녀에게 도리어 어려움을 호소하고 조언을 얻는다. 그럴 때마다 자신의 경험을 이야기하며 해결방법을 제시해주곤 했다.

어느 누구도 알렉산드라만큼 아트바인더 제품을 잘 이해하고 회사의 비전을 제시해 줄 수 있는 사람은 없었다. 비즈니스 세계에서 나이는 단지 숫자에 불과할 뿐이었다.

앱을 디자인하다

미국 브라운대에서 예술학을 전공한 알렉산드라는 뉴욕 출신의 아버지 덕에 평생 뉴욕에서만 자란 보기 드문 순수 뉴요커다. 학창 시절, 구겐하임, 휘트니 미술관 등에서 일하며 미술시장에서 일하고 싶단 꿈을 키워나갔다. 많은 미술사학도들이 그렇듯 그녀도 갤러리 큐레이터를 꿈꾸며 졸업과 동시에 첼시에 위치한 게빈 브라운스Gavin Brouwn's 갤러리에서 보조 큐레이터로 일을 시작했다.

알렉산드라가 갤러리에서 맡은 주업무는 아티스트 자료를 정리하는 아카이빙Archiving 업무였다. 아티스트와 관련한 언론보도 자료나 가격 정보, 작품 관련 자료 등을 바인더에 정리하는 업무였는데, 그때는 자료들이 전산화 되어 있지 않아 모든 정리는 손으로 해야 했다. 고객들이 찾아오면 그들이 요구하는 작품과 관련된 자료들을 일일이 찾아 보여주고 다시 바인더에 알파벳 순으로 맞춰 끼워 넣기를 반복하다 보니 시간도 오래 걸리는 번거로운 작업이었다.

그러다 2010년 갤러리에서 아이패드를 사용하기 시작했다. 아이패드를 통해 쉽게 자료들을 정리할 수 있겠다는 기대도 잠시 작품 자료들을 입맛에 맞게 정리해줄 만한 어떠한 시스템도 없었다.

"주변 갤러리에서 일하는 친구들에게 물어봐도 다들 사정은 마찬가지더라고요. 이미지를 잘 정리해주는 앱을 찾으면 문서파일을 정리할 공간이 없고, 반대로 문서파일이 잘 정리되는 앱을 찾으면 이미지를 저장할 수가 없었어요. 한 기능이 마음에 들면 다른 점이 아쉽다 보니 필요한 기능들을 합친 앱을 하나 디자인해 보면 어떨까란 생각을 처음 하게 됐죠."

초기에는 갤러리를 다니면서 어플리케이션 만드는 일을 병행해야겠다고 생각했다. 하지만 앱을 디자인하고 만드는 일이 생각보다 시간도 많이 걸리고, 비용도 만만치 않다는 것을 알고 점점 고민이 깊어졌다.

그러던 중, 뉴욕에서 성공한 사업가인 아버지 친구를 만나고 오랜 시간 꿈꿔온 큐레이터가 되는 꿈을 포기하고 도전할 만한 가치가 있다는 생각을 하게 됐다.

"모바일 앱 시장이 무서운 속도로 성장하기에 곧 시장성이 엄청날 거
란 이야기를 들었어요. 도전해 볼 필요가 있다는 말씀에 곧 바로 그 다
음날 사표를 내고 앱 개발에 올인하게 된 거죠."

미술관과 갤러리에서만 경력을 쌓아온 그녀가 기술 기반의 회사를 운
영하기 위해선 가장 먼저 앱 개발자와 앱 디자이너를 찾아야 했다. 이
미 갤러리에서 일하며 다양한 앱들을 찾아보고, 개선되어야 할 점들
을 적으며 갤러리 맞춤형 앱을 디자인하고, 화면설계를 해놓은 상태
라 이 모든 걸 앱으로 만들어 줄 전문가를 찾기만 하면 됐다.

"앱을 만드는 과정은 마치 집을 짓는 과정과 비슷해요. 자신이 원하
는 집을 짓기 위해 방은 몇 개고 방 위치를 어디에 설계할지 등 대략
적인 그림을 머릿속에 그려 넣어야 하잖아요. 그 정보를 가지고 집
을 짓고 인테리어 할 사람과 회의를 거쳐 제가 만들고픈 집을 만들잖
아요. 앱을 만드는 과정도 동일해요. 어떤 서비스와 기능을 만들지 아
는 제가 기획을 하고, 개발자가 그걸 실현시켜주고, 디자이너는 유저들
이 보기 좋게 디자인을 입혀주죠. 세 사람이 한 팀이 돼 한 작품을 만들
어내는 콜라보레이션 작업이죠."

알렉산드라가 앱의 사소한 기능들을 만들며 수십 번의 팀회의를 거쳤
다는 이야기를 듣기 전까지는 단 한번도 아트바인더 앱이 만들기 힘들었

을 거란 생각은 해본 적이 없었다.

"세상에 아직 존재하지 않는 상품을 만들어내는 과정은 마치 풀리지 않을 것만 같은 수학 문제를 풀어나가는 것과 같아요. '이 문제가 과연 풀릴까?'에 대한 의구심부터 '이런 식으로 풀어보면 어떨까?'에 대한 호기심, 그리고 '모든 조건을 충족시키기 위한 최적의 풀이 방식은 무엇일까?'에 대한 고민까지 생각의 꼬리가 꼬리를 물고 물어 완성품이 만들어지는 거죠. 앱을 만들 때 최종적인 목표가 무엇인지, 'What'은 쉽고 빠르게 찾을 수 있지만, 그 목표를 어떻게 실현해야 할지 생각하는 'How'의 단계가 가장 힘들어요."

아트바인더가 상대하는 고객은 호불호가 뚜렷한 모든 고객이기에, 이들의 요구를 모두 들어 줄 수 있는 기능을 디자인하는 일이 가장 힘들었다고 한다. 한번은 갤러리에서 작품 검색할 때 작품이 판매됐는지 여부에 따라 리스트에 표시되고 안 되는 너무도 간단해 보이는 필터 기능을 만드는 것에 여러 번 팀 미팅을 거쳐야 했다고 한다.

어떤 고객은 판매 여부와 상관없이 팔린 작품까지 항시 시스템에 나와 주길 바랐고, 어떤 고객은 작품이 판매가 됐으면 그 작품은 아예 시스템에서 삭제했으면 하고 바랐다는 것이다. 너무 다른 두 부류의 입맛을 만족시켜 줄 기능을 어떻게 만들어야 되는지 오랜 시간 고민했다. 그렇게 해서 떠오른 것이 '필터' 기능이었다.

'필터' 기능을 통해 판매된 작품들을 시스템에 유지하고 싶은 갤러리는 작품 검색시 '판매 완료된 작품' 항목을 체크하면 남아있는 작품과 이미 판매된 작품들까지도 확인할 수 있게 돼, 두 고객을 만족 시킬 수 있게 만든 것이다.

앱에 새로운 서비스를 더하다

첫 버전이 세상에 나왔을 때 직원 한 명 없이 혼자 아이패드를 들고 뉴욕에 있는 갤러리란 갤러리는 모두 돌아다니며 제품을 홍보한 알렉산드라의 열정은 대단했다. 각종 미술계의 행사와 파티에 빠짐없이 참석하고 전 세계에서 열리는 아트페어를 돌아다니며 행사 동안 구두굽이 닳고 목소리가 나오지 않을 정도로 갤러리 부스를 돌아다녔다.

열심히 뛰어다닌 만큼 결과도 좋았다. 현재는 전 세계의 300곳이 넘는 갤러리와 아트 딜러들이 아트바인더 서비스를 사용하고 있다. 뉴욕 미술계에서 알렉산드라와 아트 바인더를 모르는 사람이 없을 정도로 이름을 널리 알렸다.

2014년 7월, 아트바인더가 다수의 투자자들로부터 32억 원의 투자를 받았다는 기쁜 소식을 전해 들었다. 이 투자에는 에드워드 뭉크의 작품 '절규'를 소장한 세계적인 아트 컬렉터 리언 블랙Leon Black도 참여했다. 아트바인더가 만들어낸 시장 가치에 미술계가 주목하고 있음을 보여준다.

아트바인더에 '아트바인더 뷰어ArtBinder Viewer'라는 서비스가 더해졌다. 이미 300곳 이상의 국제적인 갤러리의 데이터베이스를 확보한 아트바인더가 그들을 상대로 새로운 비즈니스를 창출하기 위해 내놓은 서비스다.

이미 아트바인더 서비스를 사용하고 있는 갤러리는 '아트바인더 뷰어'를 통해 작품들을 공개하면 컬렉터와 대중들이 언제 어디서든 스마트기기만 있으면 작품을 감상하거나 구매할 수 있게 만들었다. 세계 곳곳의 컬렉터들과 미술 애호가들이 갤러리가 소장한 작품들을 감상하고 구매할 수 있어 갤러리들에게는 새로운 수익 창출의 창구가 생긴 것이다.

온라인 아트 판매 플랫폼에는 선두 주자격인 아트시Artsy, 아트스페이스Artspace, 패들8Paddle8이 있다. 알렉산드라의 시장 접근방법은 이 세 회사들과 확연히 다르다. 경쟁사들은 온라인 플랫폼을 만든 후 서비스를 써보라며 미술시장을 설득했다. 하지만 아트바인더는 역으로 이미 미술시장 안에서 세계 갤러리들과 함께 일하며 데이터베이스를 확보 후, 그 데이터베이스들을 통해 갤러리들의 수익 창출을 도와주는 서비스를 시작한 것이다.

사업 초기 아트바인더는 기존의 서비스로만 성장하기에는 한계점이 보인 게 사실이다. 어느 정도 고객이 확보되면 사업 확장을 어떤 방향으로 할지 궁금했는데 30살의 젊은 CEO 알렉산드라는 미술시장의 흐름을 제대로 파악해서 명실상부한 수익구조를 갖춰놓았다. 잠시 주춤하

고 있는 온라인 미술시장에 32억 원이란 투자가 들어온 걸 보면 아트바
인더의 전망은 매우 밝아 보인다.

아이패드와 아이폰에 최적화된 아트바인더앱.

2010년 IT업계 빅뉴스는 아이패드 첫 출시다. 시카고에서 학교를 다니고 있던 당시 출시된 아이패드에 대한 대중들의 의견은 부정적이었다. 아이폰과 맥북 중간 사이즈가 애매하다는 지적이 많았다.

대중들의 이런 회의적인 여론에도 아랑곳하지 않고 알렉산드라는 2010년 아이패드 기반의 앱을 만들었다. 요즘은 앱더미에 묻힐 수 있다는 이유 때문에 앱을 제작하지 않는 분위기라면, 그 당시에는 누가 아이패드를 사용하겠냐는 여론 때문에 어느 누구도 선뜻 나서지 않았다.

알렉산드라는 여기에서 기회를 얻는다. 365일 세계 곳곳에서 열리는 아트페어에 참여하는 갤러리들과 아트딜러들에게는 유용할 거라 판단했다. 아티스트 정보를 아이폰으로 가지고 다니기에는 화면이 작고 컴퓨터는 휴대가 불편하기에 아이패드야말로 적합한 기기라 생각했기 때문이다. 그런 발빠른 움직임 덕분에 현재는 미술시장의 대표적인 앱으로 자리 매김하고 있다.

트렌드를 이끈다는 말은 다시 말해 리스크가 따른다는 이야기다. 따라서 그 움직임을 정확히 읽었을 때는 그에 대한 보상도 크다.

하지만 대부분의 사람들은 육감적으로 생활 속에서 느끼고 생각에서만 그치는 게 다반사다. 남이 움직이지 않을 때 움직이면 그만큼 좋은 기회도 없다.

나는 스타트업 붐이 일고 있는 뉴욕에서 무엇인가 움직임이 심상치 않다는 느낌에 프로젝트를 시작했지만 정확히 어떤 움직임이었는지는 프로젝트를 시작하고 1년이 지나서야 알게 됐다. 하지만 변화 속에서 누구보다 먼저 움직였고 비록 작은 도전이었지만 어느 누구도 하지 않았던 뉴욕의 젊은 스타트업 창업가들을 소개하는 글을 쓰게 됐다.

처음 인터뷰 기사를 맡긴 잡지사에서는 내 기사에 거는 기대가 없었다. 반신반의하며 연재한 이 기획기사는 1년 정도 지나면서 국내에서 부는 스타트업 붐에 발 빠르게 움직인 잡지사가 돼 있었다.

남들이 움직이지 않을 때 움직여라!
그때가 기회다.

쏘인 샤 Sohin Shah
Founder @iFunding
Founded in 2012
#부동산 #크라우드펀딩

부동산 크라우드펀딩 선두에 서다
아이펀딩의 쏘인 샤

세계는 크라우드펀딩이 대세

크라우드펀딩은 대중으로부터 자금을 모은다는 뜻이다. 소셜미디어나 온라인 플랫폼을 통해 불특정 다수로부터 십시일반 자본을 모으는 것을 뜻한다.

자금이 없는 개인이나 기업이 프로젝트를 실행시키기위해 대중들로부터 자금을 펀딩 받기위해 이용하는 온라인 플랫폼으로 킥스타터 Kickstarter와 인디고고Indiegogo가 있다. 프로젝트를 설명하는 짧은 홍보 영상을 제작해 사이트에 올리면 이 영상을 보고 지지하는 대중들이 적게는 천 원, 많게는 수십만 원의 금액을 투자한다.

목표액과 모금기간이 정해져 있어 기간 내에 목표액이 달성되지 못하면 투자금을 받지 못한다. 목표액이 달성되면 프로젝트 완성 후에 투자자들에게 시제품이나 작은 선물을 주는 형식으로 펀딩은 이뤄진다.

2012년 신생기업 육성법 '잡스법JOBS Act'이 통과됐지만 일반인도 지분형 투자가 가능한 내용의 타이틀3은 2016년이 되서야 시행됐다. 이전까지는 공인투자자들만 지분형 투자가 가능했고 일반인들은 리워드형 또는 기부형 형식으로만 참여할 수 있게 제한됐었다. 이제는 일반인들의 지분형 크라우드펀딩이 가능해지면서 국내외 크라우드펀딩 시장이 빠르게 성장하고 있다.

아이펀딩은 초기 코워킹스페이스 앨리에 입주해 있다, 늘어나는 팀원들을 수용하기 위해 더 넓은 공간으로 사무실을 이사했다.

잡스법 JOBS ACT: 미국의 신생기업육성법이다. 2012년 4월 5일 버락 오바마 대통령에 의해 최종 승인된 법안이다. 잡스법의 취지는 스타트업들의 투자금 유치를 원활히 해주고 IPO규제를 완화시켜주며 중소기업의 성장을 독려하며 더 많은 일자리를 창출해 내는 것이다.
공인투자자: 연 20만 달러 이상의 소득, 혹은 100만 달러 이상의 순자산 가치를 보유하고 있는 투자자를 말한다.

젊은 CEO 인터뷰를 찾아다니다 만난 인연

2012년 뉴욕의 젊은 창업가들을 만나는 프로젝트를 진행하며 이들의 이야기를 한국에 전해주고 싶어 무작정 잡지사 문을 두드렸다. 정성을 다한 제안서와 샘플 인터뷰 기사를 잡지사에 보내기도 하고, 잠시 귀국해 직접 방문도 해봤지만 매번 거절을 당했다. 아이디어는 좋지만 글이 실린 적 없는 초짜 작가에게 믿고 맡기는 것은 쉬운 일이 아니다. 거의 포기하고 싶은 마음이 들 때 한 곳에서 'OK' 사인을 받았다. 프로젝트를 계획한 지 1년만의 일이었다.

하지만 기쁨도 잠시 매달 인터뷰할 젊은 CEO를 섭외하는 일이 결코 쉽지 않았다. 수십 통이 넘는 콜드 이메일을 보내면 한두 통 겨우 답장을 받거나 아예 받지 못하는 날이 많았다.

IT업계에 아는 사람이 없었기에 도움을 청할 곳도 없었다. 매번 맨땅에 헤딩하듯 겨우겨우 섭외를 이어 나갔다. 어떤 날은 마감 전날에 연락이 돼 겨우 마감 당일에 인터뷰를 마치고 밤을 새워 번역하고 편집해 기사를 넘기곤 했다. 그러다 보니 2년 동안 매달 15일이면 마감일에 쫓기며 살아야 했던 기억이 새록새록 떠오른다.

기사를 쓰기 시작한 초기에는 인맥을 쌓기 위해 도시 곳곳을 이리 뛰고 저리 뛰며 발품을 팔아야 했다. 그때 인터뷰를 하기 위해 내가 썼던 방법은 크게 두 가지가 있다.

첫째, 인터뷰가 끝나자마자 주변의 창업가 친구 2명만 추천해 달라는 릴레이 인터뷰 방법이다. 기발한 아이디어였는데, 가끔 소개를 받아도 내가 찾는 조건에 맞지 않거나 거절을 당하기도 해서 둘째 방법을 병행해야 했다.

둘째, 시간이 날 때마다 젊은 창업가들이 모이는 세미나와 이벤트, 파티를 좇아 다니는 방법이다. 그들과 자연스럽게 네트워킹을 하다 보면 인터뷰도 쉽게 할 수 있었다. 힘은 들어도 인터뷰는 쉽게 하는 장점이 있었다.

2013년 여름 그 날도 트라이베카Tribeca에서 열린 한 창업 세미나에 참가했다. 스타트업 전문가들과 투자자들 앞에서 젊은 창업가들이 아이디어와 비즈니스 모델을 설명하고 피드백을 받는 모임이었다. 이벤트 시작 전, 근처에 약속이 있어 일찍 도착해 엘레베이터를 타고 올라가려는데, 누군가 같이 올라가자며 뛰어오는 소리가 들려 열림 버튼을 눌러 잡아 주었다. 바로 훤칠한 인도 청년이 모습을 드러냈다. 엘레베이터가 너무 좁아 낯선 사람과 함께 타기가 민망할 정도였다. 잠시 좁은 공간에 흐르는 어색한 기운을 깨기 위해 용기내서 먼저 말을 건넸다.

"세미나에 오셨나 봐요?"

버튼이 9층만 눌러져 있는 걸 보고 같은 참석자인 것 같아 인사를 건넨 것이다. 그는 오늘 세미나에 발표하러 온 창업가라고 했다. 나는 본능

적으로 명함을 건네며 곧바로 내 소개를 했다.

"당신의 창업 스토리를 듣고 싶어요."

애절한 눈빛으로 바라보았더니 세미나가 시작되기 전까지 시간을 내주었다.

그렇게 만난 쏘인은 공동창업자와 부동산 크라우드펀딩 플랫폼을 시범적으로 운영하고 있다고 했다. 대학 졸업 후 금융권에서 일하다 창업한 지 얼마 되지 않아 자신도 공부해야 할 것들이 많다며 연락처를 주고 받았다.

쏘인과 나의 인연은 이렇게 시작되었다.

크라우드펀딩의 효과

인도는 대한민국만큼이나 세계적으로 학구열이 높은 국가 중 한 곳이다. 쏘인은 인도에서 태어나 자라면서 치열한 학구열 속에서 살아남은 청년 중 한 명이다. 이공계를 전공해야 똑똑하다는 소리를 듣고, 기술을 가지고 있어야 나중에 먹고 살 수 있다는 사회적 분위기에 휩쓸려 엔지니어링을 전공했다고 한다. 졸업 후에도 대학 졸업장만으로 사회에서 성공하기 힘들다는 어른들의 이야기를 듣고 곧바로 대학원에 진학한 모범생이었다.

"대학원에서 어떤 공부를 해야 할까 고민하고 있는데 2008년 금융위기가 들이닥쳤어요. 시장이 침체되고 주위 사람들이 직장을 잃거나 돈을 잃는 모습을 보며 걱정이 앞섰죠. 만약 제가 일을 해 번 돈으로 금융시장에 투자를 하게 된다면 시장이 어떻게 돌아가고 어디로부터 영향을 받는지를 정확히 알아야 안심되지 않을까란 생각이 들었어요. 시장에 대한 불안감을 없애기 위해 금융학을 공부해야겠다고 생각했고 결국 학부 전공인 공학을 접목시켜 금융공학을 공부하기로 결심했죠."

쏘인은 이왕 공부하는 거라면 인도보다는 세계적인 금융도시 뉴욕에서 하는 게 낫겠다는 생각에 형과 함께 뉴욕으로 온 것이다. 뉴욕에서 석사과정을 마치고 대다수의 졸업생들이 꿈꾸는 엘리트 코스인 월스트리트의 투자은행에 취직했다. 하지만 얼마 지나지 않아 새로운 일에 눈을 돌리기 시작했다.

"입사 초기에는 학교에서 배운 이론이 실제 시장과 차이를 보이는 것 때문에 실무에 익숙해지기 위해 정신없이 보내야 했어요. 하지만 점점 일들이 익숙해질 무렵 조금씩 동료들이 일하는 습관에서 공통점을 찾게 됐죠. 금융 전문가들은 주식거래나 리서치 용도로 모바일 어플리케이션을 사용하지만, 재무설계 용도로는 어느 누구도 사용하지 않는다는 것을 발견한 거죠. 그도 그럴 것이 수십억 달러를 다뤄야 하는 상황에서 고작 몇 달러밖에 하지 않는 모바일 앱을 믿고 사용할 전문가가 몇 명이나 되겠나 싶었죠."

쏘인은 여기서 기회를 찾는다. 아직 아무도 시도하지 않았다면 반드시 자신이 도전해봐야겠단 생각을 했다. 그래서 천천히 자기 자신에게 질문을 던졌다.

'시장 규모는 어느 정도인가?'
'얼마나 많은 사람들이 앱을 다운로드 받을까?'
'수익 모델은?'
'iOS, 안드로이드, 블랙베리 중 어떤 것부터 앱 개발을 들어갈까?'

"수많은 질문에 답을 하는 과정에서 시장성을 확인하지 않고 앱을 제작하면 시중에 나와 있는 수백만 개의 앱더미에 묻힐 수 있다는 걱정이 들었죠. 그렇게 되지 않기 위해서는 제작 전에 가장 중요한 단계로 제 아이디어가 얼마나 시장성이 있고 가치 있는지를 평가 받는 일이라 생각했어요. 그래서 제가 선택한 방법은 크라우드펀딩이었죠. 신제품 개발이나 신비즈니스를 시작하기 전에 시장의 평가를 받기 위해 크라우드펀딩을 선택하는 이들이 많았거든요. 제 아이디어가 현실에서 꼭 만들어졌음 하는 대중들은 저의 아이디어에 자본을 투자할 거고, 그러면 그것은 분명히 시장에 수요가 존재한다는 걸 뜻하니까 해볼 만하다는 생각을 한 것이죠."

블랙베리: 캐나다의 블랙베리 사가 개발한 스마트폰으로 아이폰 등장 이전에 스마트폰 시장을 주도했지만 아이폰 등장 후 시장변화에 대처하지 못해 소비자들에게 외면 당해 중국 TCL에 매각됐다.

쏘인의 아이디어에 동조하는 52명의 투자자가 크라우드펀딩에 참여했고, 그 도움으로 '밸루에이션 앱Valuation App'이란 재무설계 앱을 만들어 낼 수 있었다. 많은 유저들이 재무 설계를 위한 용도로 사용할 뿐만 아니라 일부 경영학도들은 참고서로 사용하고도 있다고 한다. 호기심으로 시작한 도전이 시장 속 수요를 충족시키고 있는 모습을 볼 때가 정말 행복했다고 미소짓던 그의 모습이 생생하다.

부동산 크라우드펀딩을 리드하다

쏘인은 '밸루에이션 앱'을 제작하는 과정에서 크라우드펀딩의 가능성에 대한 확신을 얻었다. 그래서 크라우드펀딩을 이용한 비즈니스를 시작해야겠다는 생각을 하고 있던 중에 운명처럼 부동산업계에 몸담고 있던 공동창업자 윌리엄을 만나게 된다.

"공동창업자 윌리엄을 알게 된 건 뉴욕대학교 온라인 구인구직란에서였어요. 새로운 비즈니스를 시작하려는데 비즈니스 파트너를 찾고 있다는 포스팅을 보고 호기심에 한번 연락을 해 그 다음날 만났어요. 부동산업계에서 새로운 비즈니스를 모색하고 있단 이야기를 듣고 크라우드펀딩의 매력과 중요성을 이야기하다 부동산 비즈니스와 크라우드펀딩을 합친 비즈니스를 생각해보는 건 어떨까라는 생각을 하게 됐죠. 그 자리에서 부동산 크라우드펀딩 플랫폼 아이펀딩이 탄생하게 된 거죠."

며칠 뒤 쏘인은 잘 다니고 있던 회사에 사표를 냈다. 회사생활을 하며 알뜰하게 저축한 통장이 바닥나기 전에 살아남을 수 있을 거란 확신으로 가난한 젊은 창업가의 길을 걸어가기로 선택한 것이다.

2012년 당시에는 크라우드펀딩에 대한 회의적인 시선이 지배적이었다. 하지만 불과 3년 후인 2015년에는 가장 핫한 트렌드 하나를 꼽으라면 당연히 부동산 크라우드펀딩을 뽑을 정도로 세계적인 관심을 받기 시작했다.

2014년 부동산 개발업체 프로티지 네트워크에서는 뉴욕 호텔 개조 사업비 일부를 크라우드펀딩 방식으로 추진했고 8개월 만에 3500만 달러(약387억 원)를 모았다고 했다.

시행사에게는 부동산 개발에 원활한 자금조달을 제공받을 수 있고, 개인투자자들에게는 소액을 가지고도 이전에는 꿈도 꿀 수 없었던 대형 부동산 프로젝트에 참여할 수 있는 길이 열렸다는 것에 많은 이들이 주목하고 있다.

아이펀딩은 개인투자자들이 적게는 500만 원만 가지고도 고액의 부동산 개발에 투자 가능하다는 이점을 가진 비즈니스다. 전문가들의 사전 검증이 끝난 부동산 중에 투자가치가 있다 판단되는 부동산에 투자 선택을 누르면 된다. 이전의 부동산 투자시에는 복잡한 절차와 높

은 중개 수수료 등 불편한 점이 많았는데 아이펀딩은 투자자를 대신해 이 모든 것을 관리해준다

쏘인과 처음 만난 그 세미나 자리에서 아이펀딩은 전문가들에게 수많은 질문과 회의적인 피드백을 받았다.

"소액으로 투자하는데 얼마나 투자성이 좋겠는가?"
"회사 수익구조는 어떠한가?"
"투자자들이 무엇을 믿고 사이트에 포스팅된 부동산에 투자하겠는가?"

쏘인은 끊임없이 들어오는 태클을 혼자 감당하기가 힘들었나 보다. 엘리베이터에서 만났던 열정과 패기 가득했던 청년의 얼굴에는 당황스러움이 역력했었다. 나름대로 대답을 이어갔지만 전문가들을 설득하기에는 역부족이었다. 그도 그럴 것이 지분형 크라우드펀딩과 관련한 법이 통과된 지 몇 달밖에 안 됐었고, 그 당시만 해도 생소했던 부동산 크라우드펀딩은 전문가들에게 의문투성이 비즈니스 모델이었기 때문이다.

아이펀딩에는 수십 개의 부동산 개발 프로젝트에 총 300억 원이 넘는 규모가 투자됐다. 전 세계적으로 부동산 크라우드펀딩 시장 규모는 2014년에 10조 원 규모였고 2015년에 잡스법 타이틀3 JOBS Act title III 에 따라 누구나 지분형 크라우드펀딩에 참여할 수 있게 완화되면서 그 규모는 더 커지고 있다.

현재 아이펀딩은 언론에서 부동산 크라우드펀딩 플랫폼을 언급할 때면 빠짐없이 언급되는 대표적인 기업으로 성장했다.

2년 전, 남편과 함께 일정이 있어 방문한 뉴욕에서 쏘인을 만났다. 멋지게 기사를 써줘 고맙다며 근사한 식사를 대접해 준 쏘인과는 사업을 운영하며 고민거리를 나누는 친구이자 매번 따끔한 충고를 해주는 사업선배로 우정을 이어가고 있다.

쏘인의 긴 여정은 인도에서 시작해 먼 뉴욕으로 옮겨 왔다. 그는 현실에 안주하기보다는 새로운 것에 계속 도전해서 뉴욕의 넘버원 부동산 크라우드펀딩 플랫폼 창시자가 되었다. 호기심을 갖고 끈질긴 노력을 하며 밀어붙이는 힘이 있었기 때문에 가능한 일이다.

"Done is better than perfect!"
완벽함보다 끝내는 게 낫다.

페이스북사 사무실 벽에는 마크 저크버그가 직원들에게 영감을 주기 위해 붙인 포스터의 글귀라고 한다. 완벽함을 추구하기 위해 머뭇거리기보다는 일단 시작하는 게 중요하다는 메시지를 직원들에게 주고 싶은 것이리라.

쏘인도 생각하는 데 오래 머물기보다는 일단 부딪치고 시도해서 완벽한 상태에 가까워지려 노력한다. 창업 전, 16가지나 되는 아이디어를 일일이 다 시도한 후에야 최종 상품을 만들었다고 한다.

내가 만난 젊은 창업가 10명 중 9명이 빠짐없이 하는 말이 있다.

"Just do it!"

우선 시작해라!

일단 시작해 놓고 보면 수많은 수정과 보완의 과정을 거쳐 시장에 맞는 상품을 만들어낼 수 있다는 것을 그들은 몸소 느꼈던 것이다.

나도 행동을 먼저 하려 매번 노력한다. 성공한 또래 친구들을 만나고 이야기하다 보면 나도 움직일 때라고 내 자신에게 되뇌곤 한다. 하지만 몸보다 머리가 먼저 움직이는 걸 느끼곤 한다. 내가 짊어 질 리스크와 경쟁자들이 따라잡지는 않을까라는 두려움 때문에 완벽하게 준비된 후 실행에 옮기고 싶어 하는 마음이 앞서는 것은 어쩔 수 없다. 하지만 그때마다 머리보다 몸이 먼저 움직였을 때 내가 성장했음을 느끼고 마음을 다잡곤 한다.

대학 졸업 후, 유학을 가지 못할 이유는 수백 가지였다. 공직에 계시던 아버지가 퇴직을 앞두고 계셨고, 주식투자가 잘못되면서 집안 경제가 휘청했고, 주위에서 석사는 한국에서 마치고 가야 한국에 돌아왔을 때 일자리 찾기가 쉽다고 만류했다. 어디 그뿐인가? 미국 대학원 입학에 필요한 토플과 GRE 점수가 지원 마감일이 가까워져도 나오지 않

GRE: Graduate Record Examiniations의 약자로 미국의 대학원 적격시험을 이야기한다.

앉었다는 점 등이 머리로 하는 계산으로는 도저히 도전할 수 없게 만들었다.

하지만 나는 모든 생각을 접고 먼저 몸을 움직였다. 젊은 창업가들을 만나는 프로젝트도 생각보다 몸부터 움직여 만들어낸 결과 중 하나다. 나를 받아줄 잡지사가 없을 거란 두려움, 매달 인터뷰 기사를 싣지 못할 거란 두려움에 사로잡혀 행동하지 않았다면, 지금 이 책도 세상에 나오지 못했을 것이다.

우선 시작해 보자!

움직이면 머릿속을 지배했던 두려움들이 나도 모르는 사이 사라진다!

제이슨 살츠맨 Jason Saltzman
Founder @Alley
Founded in 2012
#코워킹스페이스

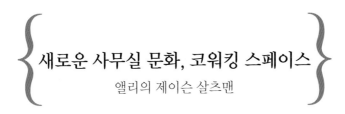

새로운 사무실 문화, 코워킹 스페이스
앨리의 제이슨 살츠맨

코워킹 스페이스를 필요로 하는 젊은 문화

요즘 젊은이들이 주로 공부하고 일하는 곳은 도서관도 사무실도 아닌 카페다. 실제로 카페를 가보면 두 부류로 나뉜다. 식사 후 커피 마시러 온 '수다파'와 일이나 공부를 하러 나온 노트북을 지참한 '코피스족 Coffice'이다.

나도 대학원 논문의 반은 도서관에서, 나머지 반은 학교 앞 젊은이들이 일하기 위해 모이는 카페에서 썼다. 도서관은 너무 조용해 오히려 작은 소음에도 신경이 쓰이는데, 아이러니하게도 카페는 시끄러운 데도 집중이 더 잘 될 때가 있다.

시끄러운 카페에서 일하는 젊은이를 이해하지 못하는 기성세대도 있

코피스족: 커피(coffee)와 오피스(office)의 합성어. 카페를 커피만 마시는 공간으로 사용하지 않고 자신의 업무도 보는 장소로 여기는 사람을 이야기한다.

지만, 어쨌든 코피스족은 Y세대들의 자유스러운 일문화를 대변하고 있다. 젊은 기업의 출퇴근 시간은 비교적 자유롭다. 업무 중간에 낮잠을 취하거나 운동을 하며 휴식 시간을 주는 것도 Y세대들의 특성을 살려 일의 능률을 올리기 위한 방법이다.

이런 젊은이들의 업무 스타일을 수용해 자유로운 분위기의 코워킹 공간을 만들어 장소를 렌트해 주는 스타트업이 뜨고 있다. 기존의 딱딱한 사무실 공간과 다르게 카페처럼 아티스틱한 분위기를 제공하는 것이다. 또한 사무실을 차릴 때 필요한 부동산과 관련한 복잡한 일들을 신경 쓰지 않고 필요한 공간만 저렴한 가격에 렌트할 수 있어 편리함을 제공한다. 기본적인 사무용품과 무선인터넷, 회의실, 주방과 같은 것을 다른 젊은 기업과 나눠 쓸 수 있어 굉장히 효율성이 높다.

현재 뉴욕에는 수십 개의 코워킹 공간이 있다. 그만큼 창업도 쉬워졌다. 창업에 필요한 초기 비용을 절감해 주는 효과가 크기 때문이다. 젊은 창업가들이 맨하탄 중심에 사무실을 얻는 다는 건 상상도 못할 일이지만, 코워킹을 통해 저렴한 가격으로 렌트할 수 있고, 비즈니스에만 집중할 수 있다는 장점 때문에 코워킹 스페이스는 Y세대들에게 인기가 많다.

미대생에서 부동산 사업가로

앨리를 창업한 제이슨 샬츠맨은 미술대학을 졸업하고 부동산업계에 이름을 알렸다. 제이슨은 어릴 적부터 비즈니스에 남다른 재능을 보였다. 그는 자신의 사업가적 기질을 11살 때 학급 친구들에게 캔디를 판매할 때마다 완판을 시키며 알았다고 한다.

"대학 졸업 후 사업을 시작했어요. 그것도 전공과는 다른 부동산업계에서요. 부동산 판매를 위한 콜센터를 운영했어요. 사업이 잘 됐는데 아쉽게도 2008년 경제침체로 사업을 접어야 했죠. 그 후 몇몇 온라인 비즈니스들을 도와주면서 신생 기업들이 사무실을 구하는데 굉장히 골머리를 앓고 있다는 걸 가까이서 지켜보았죠. 한 명도 아닌 여러 명이 비슷한 어려움을 토로하는 걸 보고 이들을 위해 내가 무엇인가 할 수 있지 않을까 생각하게 됐죠."

사무실 공간을 나눠 쓰는 비즈니스는 이미 여러 곳에서 운영되고 있는 비지니스 모델이었다. 공유경제에 대한 관심이 높아지며 더 넓은 시장이 형성되고 있었다. 제이슨은 맨하탄 미드타운에 코워킹 스페이스가 없다는 것에서 틈새시장을 찾았다. 도시 중심부 대기업들 사이에서 젊은 기업이 자극을 받으며 성장할 수 있게 하면 좋겠다는 발상을 했다. 2012년에 앨리 뉴욕시티란 이름으로 첫발을 내디던 것이다. (현재는 뉴욕 밖으로도 사업을 확장 중이라 앨리 뉴욕시티에서 앨리로 회사명을 바꿈)

나는 인터뷰를 다니며 맨하탄 내의 다양한 코워킹 사무실을 방문했다. 처음 방문한 곳은 코워킹 공간 중에서도 선두주자라 할 수 있는 WeWork이었다. 이곳을 방문했을 때는 마치 고층에 위치한 카페나 레스토랑을 들어가는 느낌이었다. 들어서자마자 바Bar에서나 볼 수 있는 꼭지가 달린 맥주통이 먼저 보였다. 주방 찬장에는 과자부터 빵, 캔디, 음료수가 준비돼 있었다. 편하게 쉴 수 있는 거실 같은 공간과 유리로 구획되어진 작은 오피스들, 그리고 창 너머로 펼쳐진 맨하탄의 풍경이 한눈에 들어왔다. 이런 곳이라면 안 되던 일도 저절로 될 것 같은 생각이 들었다. 남은 자리가 있냐 물었더니 수백 명의 대기 리스트를 보여주길래 바로 포기했던 기억이 생생하다.

미대생 CEO가 운영하는 공간은 분위기가 어떻게 다를까라는 호기심으로 앨리를 방문했다. 그곳에서 발견한 것은 벽에 전시된 크고 작은 재미난 작품들이었다. 이제 막 커리어를 쌓기 시작한 신진 작가들의 작품을 전시하고 있었다.

"신진 작가들을 홍보하는 아트 프로젝트를 진행하고 있어요. 시작한 지 얼마 되지 않았는데 미술작품이 있을 때와 없을 때 분위기가 확 달라요. 제가 미대 출신이잖아요. 미대 후배들에게 해 줄 수 있는 일이 무엇인가 생각하던 중에 창업을 시작한 친구들이나 학교를 졸업해 세상에 나온 신진작가나 다 같이 새롭게 무엇인가 시작한다는 점에서 도움이 필요한 사람들이란 공통점을 찾았죠. 서로가 하는 일은 다르지만 기업가들은 창조적인 미술작품을 보며 영감을 얻을 수 있고 작

WeWork: 위워크는 세계 최대의 코워킹 스페이스를 제공하는 회사로 2010년 뉴욕에 처음 설립됐다. 현재 미국, 이스라엘, 독일, 영국, 캐나다, 중국, 홍콩, 한국 등 전 세계 125개 이상의 지점을 운영하고 있으며, 얼마 전 명동 대신증권 신사옥의 10개 층을 15년간 빌리는 양해각서를 체결하며 강남역점에 이어 한국에 두 번째 지점을 오픈했다.

가들을 기업가들에게 작품을 홍보할 수 있어 서로에게 도움이 될 수 있다고 생각해 시작했는데 생각보다 반응이 좋네요."

앨리 투어 중 벽에 걸린 작품들 다음으로 내 시선을 끈 문구가 있었다. 그것은 다름 아닌 '요가방'이란 문의 팻말이었다. 이제껏 게임룸, 탁구대, 회의실, 수면실, 전화부스 등은 여러 곳에서 봤지만, '요가방'은 처음이었다.

"하루에 한두 번씩 요가 강사님이 와 수업을 해요. 앨리 뉴욕시티에서 일하는 어느 누구나 시간이 날 때 들어가 운동하고 나오면 되죠. 장시간 앉아 있다 몸이 뻐근할 때 30분~40분 요가를 하고 나면 일의 능률이 오른다고 하더라고요."

젊은 층이 일에만 집중할 수 있게 맞춤식 서비스들을 제공하고 있었다. 그러니까 앨리는 누구든지 일하고 싶은 곳이 아닐까라는 생각을 했다.

제이슨은 현재 공석이 없어 사업확장에 더욱 총력을 기울이고 있다고 했다. 그리고 드디어 2015년 160억 원의 펀딩을 받아 첼시에 두 번째 공간을 오픈했다.

(위),(옆),(아래) 프리랜서 혹은 1인 창업자들을 위한 코워킹스페이스가 있고 3명 이상의 스타트업은 작은 사무실을 배정받아 사용할 수 있다.

얼마 전 뉴욕의 또다른 코워킹스페이스 WeWork가 서울에 진출했다고 하니 앨리는 북한으로 확장을 하겠다며 농담인지 진심인지 모를 대답을 던지는 제이슨. 엉뚱한 면이 많은 그러면 어쩜 가능할지 모르겠다.

공간이 창조하는 커뮤니티

코워킹스페이스가 가지는 장점 중 하나는 그곳에서 일하는 이들끼리 하나의 커뮤니티를 형성한다는 점이다. 그곳에서 일하는 프리랜서가 직원으로 고용이 되기도 하고, 두 개의 신생기업이 마음이 맞아 하나로 합쳐지기도 한다.

이런 것이 가능한 것은 앨리에서 매주 멤버들끼리 뭉칠 수 있는 다양한 이벤트와 파티를 주최하고 있기 때문이다. 서로간의 유대감을 높이기 위해 재미를 추구한 파티부터 투자자나 성공한 선배 기업가들과 함께 이야기를 나눌 수 있는 비즈니스 네트워킹 자리를 제공한다.

"매주 금요일에는 '스피킹 시리즈Speaking series'란 프로그램을 통해 성공한 기업가들로부터 조언을 받는 시간을 마련했죠. 투자자들에게 비즈니스 모델에 대해 상담 받을 수 있는 오피스 아워를 운영하고 있기도 해요. 기업가들끼리 서로 네트워킹 할 수 있는 파티들도 종종 주최

하고 있는데, 이런 프로그램이 얼마나 사업에 중요한지 참석률도 좋아요. 앨리 멤버가 아닌 외부인들도 티켓을 구매해서 오곤 하죠."

앨리는 단순히 공간만을 렌트해주는 부동산 사업이 아니라 한 공간에서 활동하는 개인들이 미래를 함께 만들어 갈 수 있게 도와주는 공간으로 성장해 나가고 있다.

"사업을 시작하는 건 굉장히 힘든 일이에요. 비슷한 상황에 처한 사람들끼리 모여 일하면서 얻을 수 있는 이점은 참 많죠. 그 중에 가장 중요한 건 서로를 응원하는 마음이라 생각해요. 각자가 비슷한 과정과 어려움을 겪고 있는 사람들이기에 함께 일하는 건 큰 힘이 될 뿐만 아니라 더 열심히 해야겠다는 동기부여를 주기도 하죠. 비즈니스 모델에 대한 피드백을 받는 것부터 긍정적 비전을 얻기도 해요. 이런 커뮤니티 안에서 함께 일하며 얻는 효과는 상상 이상으로 폭발적이라 할 수 있어요."

앨리 사업의 핵심은 얼마나 강한 커뮤니티를 만들어내느냐는 것이다. 이 커뮤니티에 멤버가 되고 싶은 기업과 인재들은 소속되려 노력한다. 기업이 성장해 앨리를 떠나 새로 사무실을 낸 졸업자들은 커뮤니티의 후배기업가들을 이끌어 주려 갖은 노력을 한다. 이건 새로운 개념의 21세기형 일터를 보여주는 게 코워킹스페이스들이지 않나 싶다.

앞으로 앨리가 집중적으로 준비하고 있는 서비스는 멤버들의 회계, 법률, 보험 서비스를 제공하는 일이다. 커뮤니티가 가지고 있는 고민을 덜어주기 위한 환경개선은 계속해서 진행 중이며 인재들이 이곳으로 계속해 모이는 것은 어쩌면 당연한 일인 것 같다.

'허, 하, 호.'

눈치 챈 사람은 알 것이다. 요즘 도로에 다니는 고급 승용차 중에 소유개념보다 공유개념으로 자동차를 활용하는 이들이 많이 쓰는 자동차의 넘버 앞에 붙은 말이다.

불과 얼마 전만 해도 '허'가 붙으면 렌터카라는 이미지로 차를 모는 사람들을 깎아 내리는 사회적 분위기가 있었다. 하지만 지금은 부자들이 애용하기 시작하면서 많은 이들이 렌터카를 이용하고 있다.

단지 차이가 있다면 예전에는 하루 이틀 잠깐 쓰는 렌터카였지만, 지금은 아예 내 차처럼 쓰면서 렌터비만 지불하는 구조다. 사용자 입장에서는 항상 새 차를 이용해서 좋고, 업체 입장에서는 고급 고객들을 유치할 수 있어서 좋다.

앞서 언급한 택시합승 앱 밴드외건도, 새로운 사무실 문화를 만든 코워킹스페이스도 모두 공유경제 속에서 나온 비즈니스의 모습들이다.

이제는 서로 같은 목적을 가진 사람들 간에 필요한 만큼만 사용하거나 함께 나눠 사용하며 효율을 극대화 시킬 수 있는 스마트한 소비를 추구한다.

앞으로 이런 형태의 소비 형태가 더욱 발전할 전망이다.

공유 개념을 활용한 비지니스에 눈을 돌린다면 더욱 풍부한 시장을 개척해 나갈 수 있을 것이다.

이제는 공유경제다!

길리안 모리스 Gillian Morris
Founder @Hitlist
Founded in 2013
#여행

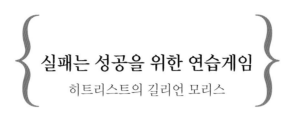

{ 실패는 성공을 위한 연습게임 }
히트리스트의 길리언 모리스

여행 앱을 찾는 뉴요커를 위한 맞춤 상품

여름이면 뉴욕은 여행객들로 북적거린다. 그러나 뉴요커들은 그들을 피해 도시를 떠난다. 뉴요커들의 별장이 많은 걸로 유명한 햄튼 Hampton에서 주말을 보내거나 아예 몇 달간 장기 렌트를 해 그곳에서 생활하는 이들도 있다. 주로 돈 있는 사람들이 찾는 곳이 햄튼이라면 나머지는 남미나 마이애미로 떠날 준비를 한다.

"어디로 휴가 떠나?"

뉴요커들이 여름철에 가장 많이 주고받는 인사말이다. 남들은 비싼 돈과 시간을 들여 다양한 볼거리가 있는 뉴욕을 찾는데 뉴요커들은 왜 여름이면 이곳을 떠날까? 뉴욕에서 첫 여름을 보내고 그들의 마음을 이해할 수 있었다.

최근 5년 간 뉴욕을 찾은 여행객은 평균 5천만 명이라고 한다. 대한민국 인구(2015년 3월 기준)만큼이란 걸 생각하면 엄청난 숫자임을 알 수 있다.

그 많은 여행객들이 빼놓지 않고 들리는 곳 중 하나가 월가Wall street다. 뉴욕 주식증권거래소와 황소동상 앞에서 인증샷을 찍는 관광객들로 좁은 골목길은 인산인해를 이룬다. 보통 붐비지 않을 때면 아파트에서 지하철역까지 2~3분이면 되는 거리를 휴가철에는 관광객들로 인해 거북이 걸음으로 10분이나 걸려 도착하다 보니 뉴요커들의 스트레스는 상상을 초월한다. 그러니 여름이 다가오면 수개월 전부터 도시 탈출에 설레는 뉴요커들의 마음을 이해할 수 있었다.

뉴요커들은 수개월 전부터 좀 더 나은 여행상품을 찾기 위해 빠르게 움직인다. 누구보다 일찍 상품을 찾으면 반 가격에 상품을 구매하는 행운을 찾기도 한다. 그래서 서로 한 푼이라도 아끼기 위해 하루도 빠짐없이 항공권 사이트를 찾는 이들이 많았다.

나는 여행업계에 이런 틈새시장을 공략하는 서비스가 있을 거란 생각으로 친분 있는 젊은 CEO 몇몇에게 SOS 이메일을 보냈다. 그러자 역시 테크 새비tech-savvy족답게 빛의 속도로 답장이 왔다.

이름부터 마음에 드는 히트리스Hitlist란 앱을 추천 받았다. 유저들이 가고 싶은 여행지의 리스트를 만들어 놓으면, 좋은 가격의 여행 상품이 나

테크새비 Tech-savvy: Technological과 Savvy의 합성어다. 스마트기기 사용이 많아지면서 이런 새로운 기기들을 잘 다루는 사람들을 가리킨다.

왔을 때 앱에서 알람을 울려 알려주는 서비스였다.

히트리스트를 방문하다

히트리스트 사무실은 그랜드센트럴터미널Grand Central Terminal 부근 하늘 높이 뻗어 있는 빌딩숲 안에 있었다. 그동안 방문했던 스타트업의 사무실은 대부분 렌트비가 저렴한 다운타운에 위치해 있었는데 히트리스트는 맨하탄 중심가인 42번가에 위치해 있었다.

길리언과의 만남은 처음부터 순탄치 않았다. 방문자 리스트에 이름을 등록해 놓았으니 로비에서 신분증만 보여주면 방문증을 받아 사무실로 올라오면 된다는 말만 믿고 찾아 갔다. 그런데 방문객 리스트에 내 이름은 눈을 씻고 봐도 찾을 수가 없었다. 로비에서 이메일로 연락을 주고 답신이 오기를 하염없이 기다리고 있는데, 뒤늦게 이메일을 확인한 길리언이 헐레벌떡 달려왔다. 그리고 나를 에스코트해서 들어가려고 하는데 보안요원이 제지를 했다. 길리언이 급하게 나오느라 직원증을 놓고 온 게 화근이었다. 매일 마주치며 얼굴을 익힌 보안요원인데도 신분확인을 하고 돌아오라는 깐깐한 경비 시스템을 보며 젊은 기업에 맞지 않는 분위기가 불편하게 느껴졌다.

그렇게 어렵게 들어간 히트리스트 사무실은 넓게 오픈된 공간에, 여러 스타트업들이 모여 일하는 코워킹스페이스에 한 자리를 차지하고 있었다. 입구 앞쪽 벽에 사인 하나가 확 들어왔다. 이제는 만국공통어가 된 페이스북의 '좋아요!' 사인이었다.

들어가자마자 방문객들을 반기는 페이스북 '좋아요' 사인!

히트리스트가 사무실로 쓰고 있는 곳은 뉴욕의 페이스북 첫 사무실이었다고 한다. 페이스북이 나가고 현재는 그랜드 센트럴 테크 Grand Central Tech란 엑셀러레이터가 제공하는 코워킹 사무실로 사용되고 있었다.

뉴욕 부동산업계에서는 딱딱한 분위기의 미드타운에 젊은 기업을 입주시켜 자유스러운 분위기로 만들기 위해 파격적인 혜택을 제시했다. 대부분의 엑셀러레이터 프로그램들이 신생기업을 도와주는 대가로 받는 지분 할당 없이, 공간을 일 년 간 무료로 렌트해 주고 있었다.

길리언의 설명을 듣고 나니 빌딩 입구에서 풍기던 뭔가 불편하고 무미건조한 분위기들이 이해됐다. 좋은 프로그램을 유치하는 것만큼 중요한 건 어쩌면 빌딩의 전체적인 분위기부터 젊은 기업들이 편하게 일할 수 있도록 변화시키는 게 순서가 아닌가라는 아쉬운 생각을 하며 길리언과의 이야기를 이어갔다.

그랜드 센트럴 테크 Grand Central Tech: 뉴욕의 그랜드 센트럴 테크는 맨하탄 미드타운에 위치한 스타트업의 성장을 돕는 엑셀러레이터이다. 기존의 다른 엑셀러레이터들과 같이 업무 공간을 1년간 무료로 임대해 주고 네트워크를 제공해주는 지원들을 하지만 지분을 받지 않는 점이 다르다. 하지만 한 가지 요구 사항이 있다. 1년간 무료 지원된 사무실을 사용 후 미드타운에 사무실을 얻어야 된다는 조건이다. 이들의 목적은 미드타운에 젊은 스타트업 커뮤니티를 형성해 가는 것이다.

값진 실패 레슨

길리언은 처음부터 히트리스트란 이름으로 창업을 한 것이 아니다. 처음 시작할 때의 목적은 주위 친구들이 좀 더 쉽게 저렴한 여행상품을 찾을 수 있게 도와주는 것과 구식화된 항공사들의 티켓팅 시스템을 현대화 시키는 것이었다.

"대학 졸업 후 터키 이스탄불에서 CNN 인턴을 마치고 곧바로 그곳 컨설팅회사에 취직했어요. 평생 컨설턴트로 먹고 살 것 같았는데 컨설턴트가 하는 일 아시잖아요. 기업이나 업계들이 가지고 있는 문제점들을 파악하고 개선점을 이야기해주는 게 주업무라는 걸요. 회사일을 하다 우연히 여행업계의 문제점을 발견했는데 이상하게 다른 일과는 다르게 이번 일은 개인 프로젝트로 해결해 보고 싶었어요. 그렇다고 갑자기 회사를 그만두는 건 아닌 것 같아 퇴근 후 남는 시간 대부분을 아이디어를 확장시키는 데 투자했죠."

제일 먼저 아이디어를 실현시켜줄 개발자 출신의 공동 창업자를 찾기 시작했다. 그때 다른 사람들이 개발자를 찾는 방법과 뭔가 달라야 연락이 오지 않을까란 생각을 했다. 회사에서 내준 럭셔리한 이스탄불 아파트와 잦은 출장으로 쌓아놓은 항공 마일리지를 이용해 공동창업자를 찾는 아이디어를 냈다. 이메일 주소록에 저장돼 있는 모든 사람들에게 이스탄불을 올 수 있는 공짜 비행기 티켓과 2주간 멋진 아파트를 제공하는 대신 프로토타입 어플리케이션을 만들어 줄 사람을 찾는다는 이메일을 보냈다. 연락 오는 이들 중에 뜻을 함께 이뤄나갈 사람을 찾기 위한 전략이었다. 생각보다 많은 사람들이 연락이 왔다. 그 중에 경력이 화려한 개발자들도 여럿 섞여 있었다. 하지만 길리언이 찾는 사람은 실력보다 계속 제품 개발을 함께 할 사람이었다. 오랜 고민 끝에 친구의 친구를 선택해 히트리스트의 초기 버전을 함께 만들었다.

"처음 떠오른 아이디어는 지금의 히트리스트와는 너무도 달랐어요. 트립커먼TripCommon이란 이름으로 시작했는데 여행상품을 검색하면 제일 값싼 상품을 찾아주는 서비스였죠. 그런데 조금 더 아이디어를 가미했어요. 예를 들어 서울에 있는 친구와 런던에 있는 친구가 여름에 만나 여행을 떠나고 싶은데 어디로 여행을 떠나는 게 가장 효율적일까? 서울과 런던의 중간 지점? 아니면 두 출발지에서 비행기 티켓이 가장 싼 곳? 아마 가장 저렴한 곳을 사람들이 선호할 거란 생각에 다른 두 곳의 출발지에서 떠날 때 가장 가격이 저렴한 여행지를 추천해 주는 서비스 트립커먼을 만들기 시작한 거죠."

처음 트립커먼에 대한 이야기를 들으며 내 얼굴이 자꾸 찡그러지는 걸 느꼈다. 혹시 내가 이해를 잘못하고 있는 건 아닌가라는 생각이 들었다. 미국이나 유럽에서는 어느 정도 수요가 있을 법하지만 과연 얼마나 시장성이 있을까?

"처음 이 아이디어로 프로토타입 어플리케이션을 만들어 운영했지만 주변에서 굉장히 회의적인 피드백을 주더라고요. 전문가들의 도움이 필요할 것 같아 스타트업이 성장할 수 있게 도와주는 엑셀러레이터 프로그램 테크스타스에 지원을 했다 퇴짜를 맞았어요. 그런데 운이 좋게도 제안 하나를 하더라고요. 정규 프로그램에는 존재하지 않았지만 우리 아이디어가 아까웠던지 '사업가 레지던시'란 급조된 이름으로 합격된 회사들과 같은 혜택을 받으며 아이디어를 수정해 나갈 수 있는 기회를 준 거죠."

이 기간에 수많은 멘토들과 전문가들의 의견을 수렴해 트립커먼을 모태로 심플한 여행 서비스 히트리스트를 탄생시켰다. 히트리스트는 유저들이 여행지를 선택해 리스트를 만들면 저렴한 상품이 나왔을 때 알람으로 알려주는 앱으로 새롭게 탄생했다. 나처럼 몇 달 동안 더 싸고 나은 상품을 찾으려고 수시로 컴퓨터를 체크하던 유저들에게는 정말 반갑고 유익한 서비스다.

위시리스트는 여행지 리스트를 보며 '여행가고 싶은 곳'과 '여행 가본 곳'을 체크하면 지금까지 나와 있는 가장 싼 항공 티켓이 보인다. '여행가고 싶은 곳'이라 체크하면 더 좋은 상품이 나왔을 때 알람으로 알려준다. 앱에 소셜미디어와 연동시켜 여행지에 거주하고 있는 친구나 그 곳에 여행을 다녀 온 적이 있는 친구들을 알려주는 기능도 추가했다. 유저들이 친구들에게 여행팁을 묻거나 오랫동안 보지 못한 친구를 만날 수 있게 도와주는 서비스다.

트립커먼 이야기를 들을 때보다 히트리스트 이야기를 들으며 점점 고개를 끄덕이는 빈도수가 많아졌다. 그만큼 나도 사용하고 싶은 서비스란 공감의 표시인 거다.

길리언은 이제 새로운 기능을 추가할 때면 자신의 머릿속으로만 '필요할 것 같다', 혹은 '만들면 좋겠다'라는 생각에서 벗어나 일단 고객이 무엇을 필요로 하고 원하는지를 우선적으로 생각하게 됐다고 한다. 이 모든 것이 다 지난 날에 머릿속으로만 생각하던 실수를 통해 배운 레슨이지 않겠냐며 웃어 넘겼다.

히트리스트 앱.

여행업계의 새로운 시스템 창조

미국은 도시의 이동거리가 워낙 길다 보니 항공사 이용객이 한국과 다르게 어마어마하게 많다. 미국에는 역사가 오래된 항공사도 이용객이 많으니 당연히 최첨단 시스템으로 운영될 거라고 생각했지만 그렇지 않다는 것을 길리언을 통해 알게 됐다. 현재 항공사들이 사용하고 있는 티켓팅 시스템은 1970년대 만들어져 업데이트가 되지 않았을 정도로 비효율적으로 운영되고 있다고 한다. 고도로 발전된 기술로 무엇이든 실현가능한 시대에 살고 있다고 생각하지만 가끔 이렇게 시대에 맞지 않게 뒤처진 분야를 보게 되면 스타트업의 전망은 밝을 수밖에 없다.

길리언의 최대 관심사는 비행기 재고 티켓을 공급하고 배분하는 시스템이었다. 그 중에서도 특히 재고 티켓 가격이 어떻게 책정되는지에 초점을 맞췄다. 그래서 살펴봤더니 놀랍게도 그것은 초기 인터넷 수준의 시스템으로 이뤄지고 있었다. 요새는 잘 쓰이지도 않는 프로그래밍 언어가 아직까지도 남아 있는 곳이 항공사란 것을 확인했다.

"마치 이런 것과 같아요. 나사NASA에서 80년대 쏘아올린 위성을 유지하기 위해서 옛 버전의 시스템을 다룰 수 있는 특정 소프트웨어 엔지니어에게 일 년에 50만 불을 지불해야 하는 웃긴 상황이 연출되고 있는 거죠."

그는 이 문제를 개선하기 위해 노력했다. 아예 0에서 시작해 새로운 시스템을 만들어야 항공업계에 효과적일 거라고 믿었다. 그래서 지금은 여행업계의 티켓팅 시스템을 새로이 만드는 목표를 바라보며 달려가고 있다.

여행업이란 큰 틀에서 문제점을 해결해 나가기 위해 초기의 시간과 돈을 써가며 실패도 했다. 여러 번의 수정작업을 거쳐 드디어 본인뿐만 아니라 주위 사람들의 호응을 얻을 만한 결과물을 만들어냈다. 처음에는 유저들과 소통하고 시장조사를 하기보다 문제점을 해결하기 위한 의지만 내세웠는데, 이제는 초기의 시행착오를 거쳐 오늘날에 이를 수 있었던 것이다.

"트립커먼을 만들어보지 않았으면 이렇게 단 시간에 히트리스트를 지금처럼 성장가도에 올려놓지 못했을 거예요. 히트리스트를 만들기 위한 밑거름이 된 셈이죠. 그래서 초기의 실패했던 시간들이 전혀 아깝다고 생각하지 않아요. 지금으로 오기 위한 연습게임이었으니까요."

일을 창조하는 자

누구나 실패에 대한 두려움은 갖고 있다. 사람들은 닥쳐올 '알지 못함Unknown'을 두려워한다. 미래가 어느 정도 예상되는 편안함을 뿌리치고 본인을 어디로 이끌고 갈지 모르는 새로움에 익숙하기란 쉽지 않다. 따라서 우리는 의지를 세워 새로움이 불러 일으키는 두려움에 맞서야 한다. 실제로 이런 두려움을 극복하고 새로운 일을 성사시킨 사람들은 입을 모아 말한다. 막상 부딪혀 보니 생각보다 잃은 건 별로 없다고. 실패하면 다른 일을 찾으면 되기 때문에 결코 두려워 할 일이 아니라는 것이다.

"우리 사회는 대기업을 들어갔으면 끝까지 잘 버텨 임원자리까지 가라 격려해요. 많은 이들이 받고 있는 눈에 보이지 않는 사회적 압박이라고 해야 할까요? 제 주변의 친구들 중 창업 실패 후 다시 기업으로 돌아간 친구들이 많아요. 근데 놀라운 사실은 그들 중 대부분이 임원급의 자리로 스카우트 됐다는 거죠. 제 친구들이 대기업에 입사해 승진만을 바라보고 일했다면 젊은 나이에 지금의 자리까지 올라 갈 수 있었을까요?"

우리 사회가 요구하는 인재의 기준이 바뀌고 있다. 대기업에서조차도 '버티는 자'보다 '일을 창조하는 자'가 더 앞서 간다. 이 시대를 살아가는 인재들이 갖춰야 할 소양은 무에서 유를 창조하는 능력인 것 같다. 창업시장뿐만 아니라 기업문화에서 살아남기 위해서도 말이다.

아일랜드에서 열린 '더블린 웹 서밋'에서 피칭 중인 길리안.

공동창업자와 함께

수많은 성공한 스타트업 중에는 초기 창업 아이디어를 유지하며 성장한 곳은 거의 없다. 시장을 직접 경험하며 비즈니스 모델 혹은 타켓 고객층을 수정해 가는 이들이 수두룩하다.

우리가 흔히 알고 있는 온라인 결제서비스 페이팔도, 동영상 공유 서비스 유튜브도 초기 비즈니스의 방향과 다르게 성공한 케이스들이다.

페이팔은 1998년 데이터 보안업체 콘피니티로 시작해 이메일로 돈을 송금해주는 사업모델을 거쳐 지금의 온라인 결제시스템으로 성공가도를 걸을 수 있었다.

아는 사람만 안다는 유투브 초기 창업 아이디어는 놀랍게도 영상을 사용한 온라인 데이팅 사이트였다. 하지만 시장 반응이 좋지 않자 곧바로 영상을 공유하는 플랫폼으로 방향을 바꿨고 벤처투자를 이끌어냈다.

내가 만나온 대부분의 창업가들 중에는 과거의 창업을 통해 지금의 아이디어를 끌어온 이들이 많다. 매트리스 업계의 구글이라 불리는 캐스퍼 창업가는 이사가 잦은 대학생들에게 중고가구를 렌탈해 주는 사업을 시작했었다. 그런 과정에서 매트리스 업계의 복잡한 유통구조를 알아냈다. 그래서 사업을 접고 곧바로 매트리스 업계로 뛰어들었고 지금은 기업가치가 6천억 원이 넘는 기업으로 성장했다.

처음부터 완벽한 상품은 없다. 과정 속에서 수정을 통해 빚어지는 것이 세상에 빛을 발하는 것이다.

여기서 우리가 취해야할 자세는 시장에 대응할 수 있는 유연함이다. 처음부터 완벽하게 해서 끝까지 가져가겠다는 고집을 버려라.

경험을 통해 수정하고 또 수정해 나가라!

필립 크림 Philip Krim
Founder @Casper
Founded in 2013
#매트리스

세계인들의 숙면을 책임질 매트리스 업계의 구글

캐스퍼의 필립 크림

미국에서 하기 힘든 세 가지

미국의 한국 유학생들은 방학이 다가오면 어김없이 고민하는 게 있다. 한국행 티켓을 끊어야 할지 혹은 뉴욕에 남아 인턴십으로 경험을 쌓아야 할지. 결과적으로는 한국행 티켓을 끊는 이들은 많지 않다. 그리고 한국행 티켓을 끊는 이유 중에는 우리가 이해하기 힘든 이유도 있다. 그 중에 '미국에서 하기 힘든 일 세 가지' 때문에 고향에 돌아가는 이들이 있다.

첫째는 미용실이다. 나는 미국에서 단 한 번도 미용실을 가본 적이 없다. 정확히 말하자면 갈 엄두조차 내지 못했다. 가장 큰 이유는 한국과는 비교불가한 살인적인 비용 때문이다. 또한 동양인들의 머리를 멋스럽게 만들어줄 미용실을 찾기가 힘들다. 게다가 뉴욕의 경우 여성들의 평균 헤어커트 비용이 8만 원인데, 여기에 팁까지 주려면 10만 원은 족히 넘겨야 한다. 10만 원이란 거금을 주고도 마음에 들게 해준다는 보장이 없다. 오로지 복불복이란 걸 알기에 유학생들은 부스스한 머리로 인내하며 한국 갈 날만을 손꼽아 기다린다.

둘째는 치과 치료다. 미국은 의료비가 세계에서 가장 비싼 국가 중 하나다. 의료비 때문에 한국행 티켓을 끊는 것은 유학생들만의 일이 아니다. 한국, 중국, 멕시코 등지로 의료관광을 나가는 미국인들이 연간 180만 명이나 될 정도로 미국은 아프면 정말 살기 힘든 나라다. 그 중에서도 가장 큰 비율을 차지하는 것이 치과 치료다. 치과보험을 들지 않은 미국인들이 42%에 달한다. 오히려 외국으로 나가는 비행료와 숙박비를 포함해도 더 싼 가격에 치료를 받을 수 있기 때문이라고 한다. 따라서 유학생들이 의료보험이 되는 한국을 찾아 치과 치료도 받고 가족 얼굴도 보는 일타이피의 효과를 보기 위해 한국행 티켓을 끊는 것은 정말 현명한 선택이다.

셋째는 안경 맞추는 일이다. 어릴 적부터 시력이 좋지 않아 안경을 몸의 일부라 여길 정도였다. 간혹 조심성 없는 성격에 매번 실수로 깨뜨리거나 안경테를 부러뜨리곤 했다. 그날도 그랬다. 워싱턴 DC에 있는 친구집을 방문해 신나게 놀다 자고 일어나 베개 옆에 잘 모셔둔 안경을 밟고야 말았다. 졸지에 장님이 돼버린 난, 친구와 함께 계획에도 없던 안경점을 가야만 했다. 그리고 그곳에서 가장 싼 안경을 맞췄다. 한국에서는 구경조차 해보지 못한 어마 무시한 두께의 안경을 500$이 넘는 가격에 맞췄다. 게다가 시력 검사비 100$까지 별도로 지불해야 했다. 그리고 한국에 돌아와 다시 알이 얇은 안경으로 맞춘 기억이 생생하다. 여행을 위해 준비해 온 돈을 졸지에 다 써버려 아무 곳도 돌아다니지 못한 그 날 화가 나서 한 가지 의문을 품기 시작했다.

'미용실이야 미국은 인건비와 임대료가 비싸니까 그렇다 치자. 의료비는 예전부터 미국이 비싸다는 건 알고 있던 사실이라 그렇다 치지만, 안경까지 비싸야 되는 이유가 뭘까?'

그 이유는 한참 후에 매트리스를 온라인으로 판매하고 있는 캐스퍼 창업가 필립을 통해 알 수 있었다. 기존 산업들이 가지고 있는 잘못된 유통 구조 때문에 소비자들이 피해를 보는 것이었다. 그 중에 대표적인 것이 매트리스와 안경업계였던 것이다.

소매업 트렌드, 제조사에서 곧바로 소비자에게로

Direct-to-Consumer (D2C) Business Model

매트리스 업계의 구글이라 불리는 캐스퍼가 세상에 나올 수 있었던 건 뉴욕 스타트업계뿐 아니라 전 세계적으로 전설이 돼버린 온라인 안경점 웨비 파커Warby Parker가 길을 터주었기 때문이다. 캐스퍼뿐 아니라 유통구조를 단순화 시킨, 제조 후 직접 소비자에게 유통하는 Direct-to-Consumer(D2C) 비즈니스 모델들이 이커머스 시장에 쏟아지고 있는 것도 웨비 파커가 초석을 다져줬기 때문에 가능한 일이다.

웨비 파커스는 미국인들이 이유도 모른 채 안경을 비싸게 구입해야 했던 답답함을 해결해주고, 그 덕분에 홈페이지 런칭 후 2만 개가 넘는 주문이 쇄도할 만큼 런칭 3주만에 1년치 목표 판매량을 달성한 스타트업계의 전설로 꼽힌다.

안경이 터무니없이 비쌌던 것은 안경업계가 가지고 있는 고질적인 유통 문제 때문이었다. 한 기업이 안경 브랜드의 80% 이상을 독점하고 있었고, 소비자는 생산가에 20배가 넘는 가격을 부담할 수밖에 없는 구조였다. 이 문제는 2012년 미국 방송 CBS 60분60minutes 프로그램에서 다뤄 사회적인 파장을 불러 일으켰다.

그런데 2년 전에 4명의 와튼 스쿨 MBA 학생들이 이 문제를 파악하고 안경점 사업에 뛰어들었다. 이들이 시도한 건 복잡한 유통구조를 단순화시켜 소비자의 부담을 낮춰주는 방법이었다. 제조업체가 소비자

60분 60minutes: 60분은 1968년부터 CBS에서 방영하는 미국의 대표적인 시사프로그램으로 국내 MBC 시사매거진 2580과 유사하다

에게 직접 판매하는 구조 D2C 비즈니스 모델이 그것이었다. 95$이라는 합리적인 가격과 안경 한 개 구매시 개발도상국에 안경이 필요한 사람들에게 한 개가 기부되는 '일대일 기부One for one' 프로그램으로 사업을 운영하며 안경업계에 긍정적인 영향을 불러일으켰다.

4명의 창업가들은 안경이 비싼 이유와 온라인에서 안경이 판매되고 있지 않다는 점에서 창업 아이디어를 찾기 시작했다. 초창기에는 많은 이들이 말렸다고 한다. 착용해 보지 않은 채 인터넷으로 안경을 주문한다는 게 불가능할 거란 생각 때문이었다. 창업가들은 이 문제를 해결하기 위해 5일 동안 무료로 안경테 다섯 개를 착용할 수 있도록 집으로 배달해주는 서비스를 운영해 온라인 판매가 가진 어려움을 극복했다.

매트리스를 직접 디자인해 판매까지

'런칭 28일만에 10억원 매출!'
'자고 일어나니 스타!Overnight Star!'

웨비 파커를 시작으로 소수의 업체들이 독점하고 있던 다양한 산업에 D2C 모델을 이용한 이커머스들이 쏟아지고 있고, 그 중 가장 주목 받고 있는 캐스퍼의 창업가이자 CEO인 필립을 캐스퍼 런칭 3달 후 만날 수 있었다.

서당개 3년이면 풍월을 읊는다고 했던가? 3년 동안 매달 쉼없이 인터뷰를 하다 보니 초기와 다르게 마지막 1년은 내가 만나고 싶은 사람을 골라 인터뷰하는 경지에 이르렀다. 2014년 초에 뉴욕 스타트업 계는 혜성같이 등장한 '28일만에 10억 원 매출'을 달성한 텍사스에서 온 사나이 이야기로 들썩였다. 각종 방송사부터 포춘지, 비즈니스 인사이더 등 내로라하는 언론매체들의 인터뷰 요청으로 바빠진 그를 과연 만날 수 있을까 걱정도 했지만, 인터뷰를 요청하자 보스톤 일정을 마치고 돌아와야 만날 수 있는 내 스케줄을 배려까지 해주어 편하게 만날 수 있었다.

기존 방문했던 스타트업 사무실 동네와 다르게 캐스퍼는 뉴욕대에서 멀지 않은 맨하탄 노호Noho에 위치한 본드 스트리트에 둥지를 틀고 있었다. 런칭한 지 얼마 되지 않아 협소한 공간에서 바쁘게 움직이는 팀원들이 일제히 하던 일을 멈추고 반갑게 맞이해 주었다. 팀원들 사이를 비집고 나오는 필립이 저 멀리 보였다.

"안녕하세요, 찾아오느라 수고가 많았어요. 캐스퍼에 온 것을 환영합니다. 주문이 많아 사무실은 정신이 없으니 다른 곳에서 이야기 나눌까요?"

무게감 있어 보이는 사진과는 달리 동네 오빠 같은 텍사스 특유의 구수한 사투리로 맞이해 주는 그에게서 친근함이 묻어났다. 우리는 사무실에서 몇 블록 떨어진 고풍스러운 분위기로 유명한 바우리 호텔Bowery Hotel 로비로 갔다. 주변이 다소 시끄러워 걱정했지만 내가 잘 안 들릴까 몇 번이고 반복해 이야기해주는 그의 배려에, 그동안 인터뷰 했던 이들 중에 가장 사려 깊은 인터뷰이로 기억에 남아 있다.

"28일만에 10억 매출, 먼저 축하드려요! 기분이 어떠세요?"

"굉장히 정신없어요. 작년 여름 매트리스를 만들기 시작해서 4월에 런칭했는데, 기대 이상으로 잘 되고 있어요. 고객들에게 좋은 피드백을 받고 있어 뿌듯합니다. 아마 캐스퍼가 각광 받는 건 기존 매트리스 산업의 구식적인 영업 방식을 바꾸고 고객들이 필요한 부분을 보완해준 게 큰 도움이 된 것 같아요."

매트리스는 자주 구입하는 쇼핑 품목은 아니지만, 한 번 구입할 때면 가격에 대한 부담 때문에 구매를 머뭇거리게 된다. 매트리스 가격이 비쌀 수밖에 없는 이유는 복잡한 유통구조 때문이다. 제조 후 매장까지 가는 유통과정에서 점점 가격이 올라간다. 부피가 커 가게에 종류별로 디스플레이 하기 위해선 넓은 공간이 필요하고, 따라서 큰 매장 때문에 임대료가 올라가면 제품 가격이 올라 갈 수밖에 없다. 사업 초기비용이 많이 들어 누구나 쉽게 진출할 수 있는 산업도 아니다 보니 대대손손 회사를 물려받아 운영하는 소수의 업체에 의해 유통되고 있다. 그럼에도 불구하고 한 번 구입하면 7년 이상을 사용해야 하는 매트리스를 매장에서 잠시 앉아보고 구매하는 것은 불합리하다고 생각했단다.

"그래서 직접 매트리스를 만들기 시작했어요. 수개월 동안 방에 틀어박혀 어떻게 자재들을 조합해야 모든 사람들이 편하게 숙면을 취할 수 있을지 수백 번을 실험했어요. 여러 개의 프로토타입들을 만들어 친구들을 사무실로 초대해 침대에서 시간을 보내며 편안함 정도를 테스팅 해보기도 하고, 매트리스를 반으로 나눠서 한쪽은 A조합으로 반대쪽은 B조합으로 만들어 오른쪽과 왼쪽의 편안함 정도를 테스팅도 해봤어요. 자재는 시중에 나온 가장 최근의 고퀄리티 재료들을 사용했고요. 지금 캐스퍼의 조합은 라텍스와 메모리폼이 주를 이뤄요. 라텍스는 굉장히 탄력있는 자재인 반면 메모리폼은 흡수력이 좋아요. 두 개의 전혀 다른 성질이 합쳐져 독특한 작용을 주고 있죠."

수백 개의 프로토타입을 수십 명의 친구들을 상대로 테스팅한 결과, 가장 많은 사람들에게 높은 점수를 받은 매트리스를 지금의 캐스퍼 매트리스로 선정했다는 것이다. 캐스퍼 홈페이지에서는 9개월 간의 노력으로 찾아낸 한 종류만 판매하고 있다. 고객은 침대 크기에 맞는 사이즈만 선택하면 50만 원부터 100만 원까지 합리적인 가격으로 매트리스를 구매할 수 있다. 직접 디자인한 매트리스를 공장에서 제조해서 곧바로 소비자에게 배달해 중간 마진과 임대료를 없앰으로써 소비자의 부담을 덜어줬다.

"근데 왜 매트리스예요?"

"대학 2학년 때, 첫 창업을 했어요. '더 메릭 그룹The Merrick Group'이란 이름으로 생산업체에서 직접 배송될 수 있게 웹사이트를 만들어 제품 판매를 하는 이커머스 사이트였는데 성공적이었어요. 10년간 운영했거든요. 당시 다양한 제품들을 취급했는데 창문 블라인드부터 스포츠 경기 티켓, 온갖 가구 등을 공장에서 직접 판매할 수 있는 것들로 판매를 시작했죠. 그 중에 가장 잘 팔렸던 제품이 매트리스였어요. 사업을 운영하며 한 5만 개 정도는 판 것 같아요."

필립은 과거의 창업 경험에서 매트리스업계의 문제점을 알게 됐고 온라인을 통해 어떻게 판매해야 하는지 노하우도 터득하게 된 것이다. 그리고 뉴욕으로 건너와 코워킹 스페이스 옆자리에 앉아 우연한 기회에 만난 마음 맞는 친구들과 함께 캐스퍼를 창업했다.

고객의, 고객에 의한, 고객을 위한 경영

캐스퍼는 다른 이커머스 사이트들과는 달리 구매자가 홈페이지에 들어와 사이즈만 선택하면 된다. 한참 동안 사이트에 들어가 가격부터 제품 퀄리티를 비교분석할 필요도 없이 간단명료하다. 요즘에 이커머스 사이트를 들어가면 홍수처럼 넘쳐나는 제품들과 정보들로 힘들어 하는 고객들의 고충을 덜어 준 셈이다.

타 업체들보다 싼 가격에 100일 동안 사용해보고 불편하면 100% 환불해 주는 '100일 시범 프로그램100-night-trials'을 운영한다. 매트리스 환불 요청이 들어오면 곧바로 픽업이 되고, 환불된 매트리스는 해당 지역 저소득층 가정이나 자선단체 등에 기부한다. 100일 시범 프로그램이 회사 입장에서는 손해가 아닐까 싶어 걱정이 들었다.

"우리의 사명은 매트리스 가격을 낮추는 것만은 아니었어요. 두 번째로 중요하게 생각한 건 고객들의 구매경험을 극대화 시키는 거였죠. 내 몸에 맞는 제품인지 아닌지를 확인하고 구매할 수 있다는 믿음을 '100일 시범 프로그램'이 심어 주기 때문에 오히려 많은 고객들이 편한 마음으로 구매결정을 하게 되는 거죠. 환불을 하더라도 그 경험조차도 차질없이 해결해 주는 게 소비자들이 캐스퍼에 대한 긍정적인 이미지를 갖도록 만들어 주는 거라 생각해요. 환불정책이 당장은 손해일지 몰라도 길게 봤을 땐 회사에게는 이득인 거죠."

캐스퍼의 경영방침을 듣다 보니 고객을 위해 존재하는 곳이란 걸 알 수 있었다. 평소 실생활에서도 상대방을 배려하는 경영자의 모습이 비즈니스에도 녹아 들어간 게 아닌가 싶었다.

한 시간 가량 인터뷰하며 필립의 배려심에 내가 그의 팬이 되어 기회가 날 때면 캐스퍼를 홍보하듯 캐스퍼를 거쳐가는 모든 고객들이 가장 큰 응원자로 남아 캐스퍼의 브랜드 파워를 만들어주겠구나라는 생각을 해보았다.

런칭 후 3년이 지났다. 연매출 1000억 원을 달성하고 금년에는 유럽으로 사업을 확장한다는 소식을 전해 들었다. 당장은 손해일지라도 먼 미래를 생각하며 진심으로 고객들을 대해야 된다는 필립의 텍사스 특유의 사투리가 들려오는 것 같다.

나도 모르게 뿌듯한 미소를 짓게 된다.

캐스퍼 사무실 한켠에 낮잠이 필요한 직원들과 캐스퍼 매트리스를 직접 경험해 보고 싶은 잠재적 고객을 위해 쇼룸을 만들어 놓았다.

스타트업 키 포인트15
소비자를 배려하는 온·오프라인 망을 갖춰라!

"미래는 온라인 시장이야!"

한때 온라인 시장을 노다지로 여기며 오프라인 매장들이 온라인으로 우후죽순처럼 사업을 확장해 나갔던 적이 있었다. 그런데 지금은 이런 소리가 들리고 있다.

"이제 오프라인 시장 없이는 살기 힘들어!"

2015년 스타트업계의 핫 뉴스로 20년 동안 인터넷 서점만을 고집하던 아마존이 오프라인 서점을 오픈했다는 소식이 떴다. 아마존의 오프라인 진출은 늦은 감이 있다. 이미 3~4년 전부터 온라인으로 시작한 업체들이 오프라인 시장에 눈을 돌리기 시작했기 때문이다.

온라인 안경점 웨비 파커Warby Parker는 브랜드 런칭 3년 후 뉴욕의 쇼핑거리로 유명한 소호Soho에 플래그십 매장Flagship Store을 오픈했다. 이듬해 뉴욕의 손꼽히는 패션 스타트업 중 하나인 렌트 더 런웨이Rent the runway도 팝업 스토어와 샵인샵Shop in Shop 등의 형태로 오프라인 시

플래그십 스토어 Flagship Store: 성공한 특정 상품 브랜드를 앞세워 전체 브랜드의 성격과 이미지를 극대화하는 매장을 일컫는다. 홍대의 젠틀몬스터, 명동의 스타일난다, 강남역 카카오프렌즈 등이 대표적인 예이다.
렌트 더 런웨이 Rent the runway: 뉴욕 기정의 패션렌탈 플랫폼으로 유명 디자이너 브랜드의 드레스, 신발, 악세사리 등을 빌려주는 서비스다.
샵인샵 Shop in shop: 샵인샵은 매장 안, 작은 공간을 타업체에 임대해 운영할 수 있도록 하는 샵의 형태이다.

장의 분위기를 살피더니 마침내 오프라인 매장을 정식으로 오픈했다.

매트리스 퀄리티에 자신을 갖고 온라인의 단점을 불식시키기 위해 "불편하다면 100일 안에 100% 환불해준다"는 파격적인 조건을 제시했던 캐스퍼는 사무실 한 켠에 매트리스 하나를 깔고 침실 분위기를 낸 쇼룸을 준비해서 고객들이 언제나 방문해 제품의 장점을 체험할 수 있는 공간을 마련했다. 필립은 이보다 더 나아가 버스를 개조해서 4개의 침실을 만들어 캐스퍼 매트리스로 전국을 돌아다니는 '캐스퍼 낮잠 투어Casper Nap Tour' 서비스를 제공하며, 일종의 변형된 오프라인 매장을 접목시켜 고객들과 대화하고 소통해 나가고 있다.

온·오프라인이 조화를 이뤄야함을 알고 있기에 브랜드 런칭 1년 후 곧바로 서비스를 시작한 것이다.

소비자들은 온라인, 오프라인, 모바일 등 다양한 채널을 넘나들며 쇼핑하고 싶어 한다. 인간의 욕구 중에는 제품을 구입해서 사용하는 것만이 아니라 제품을 구매하는 과정에서 쇼핑하며 즐기는 것도 큰 몫을 차지하기 때문에 오프라인 시장은 간과될 수 없다.

실제로 요즘 온라인 소비자와 오프라인 소비자 간의 경계가 무너지고 있다. 매장에서 실제 제품을 확인하고 온라인으로 주문하는 쇼루밍족, 온라인으로 제품을 확인 후 매장에서 구매하는 역쇼루밍족, 오프라인 매장 방문 후 모바일을 통해 쇼핑하는 모루밍족이란 신조어가 탄생했을 정도로 소비패턴에 큰 변화가 일어나고 있다.

이전의 온라인 시장은 오프라인 시장보다 적은 비용으로 운영이 가능하단 장점이 있었지만, 현재는 온라인 시장도 포화상태가 되며 그 어느 때보다 경쟁이 치열해졌다. 온라인 시장에만 안주했다가는 경쟁에서 밀릴 수 있다는 인식 때문에 오프라인 시장으로 진출하는 업체들이 늘어나기 시작했다.

실제로 오프라인으로 사업을 확장한 창업가들은 이구동성으로 플래그십 스토어가 브랜드 이미지를 높여 주면서 곧바로 온라인샵 방문자 트래픽의 증가로 이어졌다는 것을 증명해 주고 있다.

스타트업을 시작할 때 소비자를 배려하는 온·오프라인 망을 구축하는 것은 매우 중요한 일이다. 당장 오프라인 망을 구축하기 힘이 든다면, 캐스퍼가 시도한 5평 남짓의 작은 공간을 활용한 '매트리스 쇼룸'이나 '개스퍼 낮잠 투어'와 같은 소비자를 배려하는 변형된 오프라인 서비스 망을 시작으로 구축해 나가야 한다.

CHAPTER4.
{ **선한 의지가 세상을 바꾼다!** }
Goodwill changes the World

미국의 필란트로피Philanthropy 정신

기부문화가 이룬 강대국의 위상

"미국 문화 중 가장 부러운 점 하나를 꼽으라면 무엇을 꼽을 수 있을까요?"

"기부문화요."

누군가 물을 때마다 내가 망설임없이 하는 대답이다. 실제로 나는 미국은 기부문화를 고려하지 않고서 이해할 수 없다고 생각한다.

미국의 기부문화 역사는 인쇄업으로 성공한 벤자민 프랭클린으로부터 시작된다. 프랭클린은 '여가란 유익한 무언가를 하는 시간'이라는 신념으로 자신의 회사를 팔아 공공기관, 병원, 대학교, 도서관 연구기관 등에 기부를 했다.

이후 철강재벌 앤드루 카네기와 석유왕 록펠러로 그 정신이 이어지면서 미국에서는 지금도 기부문화가 뿌리 깊게 자리를 잡고 있다.

미국의 기부문화가 빛을 발하는 것은 이것이 사회적 지도층에서만 이뤄지는 것이 아니라 사회구성원 모두의 일상 속에 자연스레 녹아 있다는 것이다. 미국의 기부문화는 결코 금전적인 것에만 치우쳐 있지 않다. 바쁜 젊은 층뿐만 아니라 오히려 도움이 필요한 저소득층까지 너나 할 것 없이 휴일이나 휴가를 이용해 재능을 기부하는 등 다양한 형태로 기부문화가 형성되어 있다.

나는 대학원 입학 원서를 낼 때 예술경영학과 중에서 영리for-profit반과 비영리non-profit반을 선택해야 했다. 그때 나는 '누가 비영리쪽 공부를 하고 싶어 하겠어? 이러다 모두 영리반으로 몰리는 거 아니야?'란 마음에 경쟁률이 덜 치열할 것 같은 비

필란트로피: 필란트로피는 그리스어 필로스(Philos, 사랑하는)와 안트로포스(anthropos, 인류)의 합성어로 필란트로피는 인류에 대한 사랑과 사람을 돕는다는 뜻의 단어이다.

영리반을 선택해야 되는 건 아닌가 잠시 망설였던 적이 있다. 하지만 내 예상은 보기 좋게 빗나갔다. 비영리반 경쟁률이 훨씬 높았고, 소위 공부 좀 한다는 친구들은 거의 다 비영리반을 지원했다. 나는 대학원 생활을 시작하면서 나중에야 그 이유를 알 수 있었다.

미국에는 비영리단체가 많다. 비영리 활동이 미국 경제와 고용 분야에서 차지하는 비중이 10%에 달할 정도다. 사회에는 정부와 시장이 해결할 수 없는 영역이 있고, 그 역할을 비영리단체가 해 나가야 한다는 것을 잘 알고 있는 것이다. 미국인들은 국가나 기업이 문제를 해결해줄 거라는 기대는 잘 하지 않는다. 자발적으로 모인 시민들이 단체를 결성해 사회발전과 새로운 문제해결 방안을 모색해 나간다.

그러니 이런 문화 속에서 자란 젊은이들이 기부와 비영리 활동을 자연스럽게 받아들이고 그 가치를 실천해 나가는 것은 당연한 현상인 것을 알 수 있다.

미국인들은 비영리 활동을 '필란트로피Philanthropy'라 부른다. 인간에 대한 사랑이라는 어원을 담고 있다. 이러한 박애정신은 미국 건국의 이념이기도 하다. 미국인들은 박애정신을 기부로 실천하고 있다. 반세기 이상 세계 강국의 자리를 지키는 힘이 저절로 나온 것이 아니라는 것을 알 수 있다.

보답하는 뉴욕 아티스트들

졸업 전에 여름방학은 무엇인가 새로운 일에 도전해 보고 싶었다. 그래서 이벤트 플래닝 회사에서 일을 시작했다. 리베트 레이하트 컴퍼니Livet Reichard Company는 지난 35년 간 뉴욕의 굵직굵직한 비영리단체, 미술관, 옥션하우스 등의 펀드레이징 파티와 자선단체 갈라 디너쇼를 도맡아 진행했을 정도로 역사가 깊은 이벤트 플래닝 회사다. 이들이 진행하는 특화된 프로그램은 미술품 경매 프로그램으로 미술작품을 화가들에게 기부 받아 단체 기금 모금을 도와주는 것이다.

내가 맡은 첫 프로젝트는 매년 열리는 맨하탄 어린이 미술관 Children's Museum of Manhattan 펀드레이징 파티였다. 맨하탄 지역 아이들을 위한 미술관 교육 프로그램을 만드는 기금을 마련하는 파티였다. 나는 주로 기부 목록에 있는 아티스트들의 작업실과 집, 혹은 갤러리를 방문해 작품을 받는 일을 했다. 거리가 가깝거나 사이즈가 작은 작품을 이동할 때는 대중교통을 이용했지만 대작이나 두세 점을 기부하는 곳은 회사가 보내주는 기사가 딸린 SUV차량을 타고 뉴욕 곳곳을 돌아다녔다. 그렇게 3주 넘게 일을 하다 보니 매번 만나는 아티스트들에게 질문이 생기기 시작했다.

'미술관을 위해 작품을 기부하는 화가들은 왜 한 점도 아닌 두세 점을 아무 대가도 없이 기부를 하는 걸까?'

분명히 미술관과 이해관계가 있는 작가들일 거란 내 생각은 빗나갔다. 물론 미술관과 친분이 있는 화가들도 있었지만, 대부분 맨하탄에서 본인과 자녀들이 자라면서 맨하탄 어린이 미술관에서 받은 혜택에 대한 보답을 하기 위해서라는 것을 알았다. 이제는 아이들이 장성했지만 다음 세대를 위해 직접 발 벗고 나서며 도와주는 것이었다. 여기에는 백발의 원로작가부터 미대를 갓 졸업한 젊은 작가까지 참 다양한 계층이 함께 했다.

뉴욕 어린이미술관 행사 2012년 10월, 리베트 레이하트 컴퍼니에서 참여한 첫 번째 행사. 첼시의 한 호텔에서 열린 뉴욕 어린이미술관 펀드레이징 아트 옥션 파티.

기금모음 파티와 후원이 어우러지는 사회

 이벤트 플래닝 회사에서 맡은 두 번째 프로젝트는 이전과는 규모자체가 다른 에이드 포 에이즈Aid for AIDS 재단의 기금모금 갈라 파티였다. 재단 규모가 커 TV에서나 보던 미국의 셀러브리티들과 정재계 인사들이 참석한 말로만 듣던 화려한 자선 파티였다.

 이곳에서 내가 맡은 일은 VIP맞이였다. 파티장에 도착한 VIP들은 이름의 첫 알파벳이 적힌 데스크를 찾아가 이름표와 티켓을 받아 엘레베이터를 타고 파티장으로 올라가야 한다. 밀려오는 손님들을 응접하고 잠시 쉬고 있는데 어디선가 많이 본 듯한 여인이 내 앞으로 웃으며 다가섰다. 미국 셀럽들의 이름을 잘 알지 못해 얼굴과 이름이 매칭되지 않아 곤혹스러울 때가 있었다. 이런 나의 당황스러움을 눈치 챘는지 그녀가 내게 웃으며 힌트를 줬다.

"제 원피스가 참 잘 어울리네요."

"… 앗! 다이안 본 퍼스텐버그!Diane von Furstenberg"

좌)트라이베카에서 열린 에이즈재단 기금모금 갈라디너는 장소부터 데코레이션, 음식, 진행프로그램 모든 게 럭셔리했다. 가운데)행사를 함께 준비한 동료들과 우)수백 명의 행사 참석자뿐만 아니라 행사를 준비한 팀원들까지 마크 제이콥스의 신상 향수를 선물받았다.

다이앤 본 퍼스텐버그: 벨기에 출신의 미국 패션 디자이너로 그녀만의 독특한 랩 드레스로 유명하다.

나는 비명을 지를 수밖에 없었다. 며칠 전 파티에 입고 갈 옷을 사기 위해 백화점에 갔다가 운좋게 대박 세일을 하는 유명 디자이너 원피스를 구매할 수 있었다. 평소에 눈으로만 구경했던 브랜드였는데, 마침 그날 그 원피스의 디자이너가 내 앞에서 미소 짓고 있는 것이 아닌가?

에이즈 재단 자선 파티에는 다이안 본 퍼스텐버그와 같은 패션계 인사들이 많이 참석했고 후원도 넘쳐났다. 경매 물품으로 티파니Tiffany's & CO.에서 목걸이와 귀걸이 세트를 후원했고, 디자이너 마크 제이콥스는 파티 지원금과 그날 온 모든 손님들에게 감사 선물로 신상품인 향수 수백 개를 통 크게 후원했다.

많은 기금모금 파티는 재능기부와 후원을 통해 이뤄진다. 그리고 그들의 도움으로 파티의 흥을 돋우면 그 자리에 참석한 VIP들이 지갑을 열어 큰 액수를 후원금으로 내놓는다. 파티 비용보다 부자들의 지갑이 열렸을 때 나올 수 있는 기부금 액수가 어마어마하기에 지출이 생기고 수고스럽더라도 파티를 여는 것이다.

이벤트 플래닝 회사에서의 시간은 뉴욕에서 매년 얼마나 크고 작은 자선 파티들이 일어나고 있는지, 또 얼마나 다양한 사람들이 자발적으로 기부하고 있는지 알게 해주었다.

사회적으로 정상에 있는 사람뿐만 아니라 평범한 시민들이 자발적으로 기부하는 미국 사회가 더 윤택해지고 발전할 수밖에 없다는 것을 실감하는 경험이었다.

세계인들의 도시 뉴욕에서 만나온 대부분의 창업가들은 빠르게 변화하는 트렌드에 맞춰 다양한 모습의 창업을 한 젊은이들이었다. 하지만 이들에게 공통점 한 가지가 있었다. 그건 사회를 좀 더 나은 곳으로 만들고자 한 필란트로피 정신으로 창

업을 시작했다는 사실이다. 그리고 그 순수한 동기에 좀 더 가깝게 다가간 창업가

들이 있다. 이들의 창업 이야기는 내 프로젝트가 남겨준 가장 값진 교훈이 됐다. 나

를 가장 감동시켰고, 내 가슴을 뜨겁게 뛰게 만들었던 두 이야기를 마지막 챕터에 담

았다.

에밀리 듀브너 Emily Dubner
Founder @Baking For Good
Founded in 2009
#베이커리

일대일One-for-One 기부공식

젊은이들 사이에 이윤 창출 이상의 가치를 추구하는 사회적기업에 대한 관심이 증가하고 있다. 미국에는 이미 200만 개 이상의 사회적기업이 운영되고 있다. 사회적기업에 대해 대중의 관심을 변화시켜준 기업으로 '탐스 슈즈Toms Shoes'가 있다. 이 기업은 신발 한 켤레가 팔릴 때마다 도움이 필요한 아이들에게 일대일 기부공식을 적용했다. 탐스에서 기부하는 신발에는 소비자들이 부담하는 기부 비용이 포함되어 있다. 그래서 원가의 두 배 가격으로 판매되고 있다. 경기가 좋지 않을 때 과연 이 비즈니스가 성공할 수 있을까 의심했지만, 탐스는 전 세계적으로 보기 좋게 성공신화를 쓰고 있다.

사회적기업: 비영리조직과 영리기업의 중간 형태로, 사회적 목적을 추구하면서 영업활동을 수행하는 기업이다.

소비자들은 자신들이 신발을 사줄 때마다 좋은 일에 쓰이는 수익금이 생긴다는 사실을 알고 이왕 신발을 살 거면 돈을 더 주더라도 탐스를 사는 게 낫다고 생각했다. 탐스를 필두로 일대일 기부 컨셉을 가진 다양한 형태의 사회적기업의 성격을 띤 스타트업들이 생겨나기 시작했다.

탐스의 바통을 이어받은 대표적인 기업이 앞서 언급한 온라인 안경점 웨비 파커Warby Parker다. 탐스와 마찬가지로 안경 하나를 구매하면 안경이 필요한 사람에게 안경을 기부하는 '하나 사면 한 개 기부Buy a Pair, Give a Pair' 프로그램을 운영하고 있다. 여기는 탐스와 비즈니스 모델이 약간 다르다. 탐스는 소비자가 신발 두 켤레 값을 부담하는 것과 달리 웨비 파커는 온라인으로만 판매가 이뤄지기 때문에 가게 임대료를 절약할 수 있기에 유통구조에서 생기는 마진을 줄여 소비자의 부담을 덜어 주었다.

빵 굽는 하버드대생

"대학 시절 페이스북 창립자 마크 저커버그와 학교 생활을 같이 했어요. 기숙사 생활을 했는데 그때부터 굉장히 창조적이고 재주가 넘치는 친구들 사이에 둘러싸여 있다 보니 창업에 대한 영감을 얻게 된 것 같아요."

매일매일 신선하게 쿠키를 굽는 '베이킹 포 굿'

온라인 베이커리 베이킹 포 굿을 운영하는 에밀리 듀브너는 대학을 다닐 때만 해도 창업 시장에 뛰어들 거라고 생각하지 못했다. 하지만 졸업 무렵에 주변 친구들에게 영향을 받아 창업한 것 같다며 겸손하게 입을 열었다.

에밀리는 대학 졸업 후 컨설팅 회사에 취직했다. 당시에는 일도 재미있었고 경제적으로도 안정된 직장이었다. 하지만 경제가 나빠지면서 주변의 동료들이 회사를 떠났고 자신도 언젠가 그만 둬야 될 날이 올 거라는 불안감에 시달렸다고 한다.

'세상에 과연 안정된 직장이란 게 존재할까?'

이런 회의감을 갖기 시작했고 그 때부터 사업을 시작해야겠다고 생각했다고 한다.

"어릴 적부터 어머니를 도와 빵과 쿠키 만드는 일을 자주 했어요. 학창 시절에는 학교 발전 기금을 모으는 바자회에서 직접 만들어낸 레시피로 쿠키를 만들어 판매하기도 했죠. 지금 생각해 보면 그때부터 제과 제빵에 소질이 있었던 것 같아요. 하지만 어릴 때 소질이 있었다는 사실 하나만 믿고 직장을 그만두는 건 솔직히 두려운 일이잖아요. 그런데 한편으로는 경기가 안 좋아지면 안정된 직장도 없다란 생각에 내가 좋아하는 일에 한번 도전해 보는 것도 의미 있겠다는 마음으로 회사를 나와 제 사업을 시작하게 된 거죠."

이왕 하는 일, 의미 있는 일

'베이킹 포 굿Baking for Good'은 수제 쿠키를 판매하는 온라인 베이커리다. 하지만 그냥 평범한 베이커리는 아니란 걸 이름에서 금방 알 수 있다. '좋은 일을 위해 빵 굽는 베이커리'라는 뜻을 가지고 있다. 이 베이커리는 판매이익의 15%를 고객이 선택한 자선단체에 기부하는 사회적기업이다. 구매자는 쿠키 구매시 결제 페이지로 넘어가기 전에 자신이 도움을 주고 싶어하는 자선 단체를 선택할 수 있다. 그러면 매월 말 해당 자선단체에 적립된 수익금이 기부되는 시스템으로 이뤄져 있다.

"몇 년 전 부모님을 뵈러 고향집에 갔다 우연히 베이킹 포 굿의 아이디어를 얻게 됐어요. 그 당시 할머니께서 많이 편찮으셨는데 엄마 지인들께서 할머니의 쾌유를 위해 꽃을 선물로 보내주셨는데, 그 중 한분이 직접 구워 만든 쿠키를 선물로 보내주셨어요. 수백 송이의 어느 꽃보다도 정성스레 본인의 레시피로 만든 수제 쿠키 선물이 기억에 오랫동안 남았죠. 그때 느꼈어요. 평소 사람들이 감사 인사나 쾌유 기원 선물로 꽃이 아닌 수제 쿠키를 보낼 수 있는 문화를 정착시키면 어떨까? 그때 대략적인 베이킹 포 굿 아이디어가 떠오른 것이죠."

그런데 쿠키를 판매하는 것에서만 끝내고 싶지 않았다. 그래서 떠올린 게 어릴 적 자선단체를 위한 기금 모금으로 베이크 세일Bake Sale을 했

Bake Sale: 미국 어린이들은 어릴적부터 빵 혹은 쿠키를 구워 직접 이웃들에게 판매해 불우이웃을 돕는 베이크 세일을 한다.

던 기억을 더듬었다. 그래서 친구들과 주위 사람들에게 보내는 선물이 선물 그 이상의 의미를 담고 있으면 어떨까란 마음으로 도움이 필요한 단체에 도움을 주는 선물을 판매하고 싶단 아이디어를 떠올렸다.

에밀리의 하루는 새벽 6시 피트니스 센터에서 시작한다. 집에서 조금 떨어진 롱아일랜드 시티에 위치한 사무실에서 제빵사와 함께 하루 주문량을 만들어 포장하고 바로 배송을 한다. 저녁에 집에 돌아오면 고객들 문의에 답변하고, 소셜미디어에 글과 이미지를 올리며 마케팅 하는 일을 했다. 작은 기업이다 보니 하나부터 열까지 에밀리의 손이 닿지 않는 곳이 없다. 가장 바쁜 연휴에 기획상품 아이디어 회의를 하다 보면 24시간이 모자랐다. 그런데도 기쁜 마음으로 일할 수 있는 것은 베이킹 포 굿이 돕고 있는 단체에게서 받는 감사인사 덕분이었다. 기부금들이 어디어디에 쓰였는지 연락을 받을 때면 피곤함이 싹 가실 만큼 뿌듯했다며 29살의 아가씨는 그저 천진난만하게 웃어 주었다.

에밀리는 이왕 사는 인생을 의미 있게 보내고 싶어서 회사에 과감히 사표를 냈다. 그리고 그녀의 바람대로 사람들을 의미 있는 구매를 하도록 베이킹 포 굿으로 모여들게 하고 있다. 사람들은 자신의 구매가 세상에 이로운 일을 한다는 사실 하나만으로 의미를 갖고 베이킹 포 굿을 찾고 있었다. 에밀리는 기업이 수익을 창출하는 것만큼 사회적 기여에 신경을 써야 하는 이유를 잘 보여준다.

몇 년전 베이킹 포 굿은 타기관이 인수해 운영하고 있고, 에밀리는 현재 기업의 출장비용을 줄여주는 신생회사 마케팅 부사장직으로 재직 중이다. 에밀리는 떠났지만 베이킹 포 굿은 사회적기업으로서 충실한 역할을 사회에 하고 있는 중이다.

스물다섯 살이 되고서야 처음으로 사회적기업Social Enterprise이란 단어를 알게 됐다. 유학시절 세미나 주제로 하루 동안 사회적기업의 정의에 대해 열띤 토론을 하고 나니 그제서야 정확한 개념을 이해할 수 있었다.

당시 미국 젊은이들에게도 생소했던 사회적기업 개념은 국내뿐만 아니라 미국사회에서도 가장 잘 알려진 케이스가 신발 한 켤레를 구매하면 한 켤레가 개발도상국 아이들에게 기부되는 탐스 슈즈다.

사회적기업이란 개념은 70년대 빌 브라이튼에 의해 만들어졌다. 정부도, 시장도 해결하지 못하는 사회적 문제를 민간 차원에서 공익을 추구하기 위해 해결책을 내놓는 제3섹터를 일컫는다. 국제적으로 혼란의 시기였던 80년대 전 세계적으로 시민공동체가 만들어지고 더 나아가 사회적 기업가들이 등장하기 시작하면서 개념이 정리된 것이다.

국내에서 가장 잘 알려진 사회적기업으로 '아름다운 가게'가 있다. 기부 받은 물건을 판매한 수익금을 자선사업과 공익사업에 사용하기 위해 만들어진 곳이다. 이윤만 추구하는 영리사업에 의해 발생하는 사회적인 문제점들을 해결하기 위해 젊은이들이 두 손 두 발 거둬 붙이고 도전하는 사례들이 늘어나고 있다. 또 다른 대표적인 예로 크라우드 펀딩

을 통해 개발도상국의 자립을 돕고 있는 '더 브릿지'가 있다.

이윤추구 만을 위한 투자가 아닌 투자와 기부가 혼합된 임팩트 기부 시스템을 도입해 자립의지가 있는 현지 사업가와 기부자들을 연결했다. 이전 개도국의 발전을 단순히 도와주는 차원을 넘어 현지인들의 잠재력을 이끌어내는 것에 집중하는 사회적기업이다.

이런 형태의 기업들이 계속해서 생겨나고 있는 건 사회적으로 팽배한 1등 지상주의로부터 새로운 세대들이 자유로워지고 있기에 일어나는 사회적 현상 중 하나다.

금전적 이익보다 더 가치 있는 것은 사회에 가치를 더하는 것이다. 이런 사고를 가진 더 많은 젊은이들이 늘어났을 때 그 사회는 건강해진다.

사회적으로 가치 있는 일을 찾아보자.

의미 있는 일, 가치 있는 일에 젊음을 투자해 보자!

제이슨&에디&에릭
Jason&Eddie&Eric
Founder @JubileeProject
Founded in 2010
#선한영향력

{ 좋은 영상이 세상을 변화시키다 }
주빌리 프로젝트의 리 형제

나의고백 My confession

언제부터인가 내게는 뉴욕대학교를 가겠다는 꿈이 생겼다. 고3 수험
생 때도 없었던 유학 욕심이 대학 졸업을 앞두고 생겨버린 거다. 미술사
를 전공하며 전공에 대한 열정이 커가며 더 넓은 세상에서 질 좋은 교육
을 받아보고 싶단 욕심이 생긴 것이다.

그래서 나는 대학 졸업 후 곧바로 대학원에 입학해 장학금을 받기 위
해 조교 일을 시작했다. 유학에 필요한 토플과 GRE 공부를 위해 학원
에 등록했다. 대학원과 학원을 병행하기 위해선 잠을 포기하는 수밖
에 없었다. 새벽 4시반에 일어나 새벽반 수업을 듣고, 학교에서 수업
이 끝나면 더욱 공부에 매진하며 거의 매일 자정이 넘어야 잠에 들었다.

누워도 해야 할 일들이 산더미같이 쌓여있단 사실에 쉽게 잠들지 못하는 하루하루의 연속이었다. 그렇게 1년간 치열하게 살았다. 처음으로 꿈이 생겼기에 간절했던 것 같다.

꿈을 이루기까지 평탄치만은 않았다. 첫 번째 지원에서 대기자 합격을 했지만 끝내 합격통지서를 받지 못해 차선책으로 뉴욕 대신 시카고를 택했다. 그렇게 시카고에서 시작한 유학생활은 내 꿈을 이루지 못했다는 패배감 속에 괴로움으로 채워졌다. 나에게 이유 없이 화가 났다. 화가 나는 나쁜 에너지들을 공부에 쏟아 부어야만 살 수 있을 것만 같아 더욱 공부에 전념했다. 한국에서의 학창 시절은 공부와 담을 쌓고 살았는데, 스물다섯 살에 미국땅에서 만점을 맞은 학점을 생각하면 그때 정말 독하게 공부에 매달렸다는 것을 알 수 있다.

지성이면 감천이라 했던가? 시카고 생활에 적응할 무렵 뉴욕대에서 이메일 한 통을 받았다. 새 학기 원서를 접수 받는다는 안내 메일이었다. 내년이면 졸업이라 잠시 고민했지만 꿈을 이루기 위해서라면 한번 보내기라도 해보자고 마음을 먹었다. 그래서 큰 기대를 하지 않고 원서를 접수했는데 바로 합격이라는 소식을 받았다.

어쨌든 긴 시간을 돌았지만 나는 그렇게 꿈을 이뤘다.

뉴욕대에 첫 발을 디딘 날이 아직도 기억에 생생하다. 가슴 차오르던 기쁨은 말로 표현할 수 없을 정도였다. 세상의 모든 행복은 내가 다 끌어안고 있는 것만 같았다. 첫 학기는 그렇게 새로운 환경에 적응하기 위해 노력하는 가운데 눈 깜짝할 사이에 지나갔다.

그런데 어느 날 예상치 못한 일이 생겼다. 아침에 잠에서 깨 눈을 떴는데 손가락 하나 까닥거리기조차 싫었다. 완전히 무기력증에 빠져든 것이다. 그렇게 가고 싶었던 학교 수업도, 초대받은 갤러리 오프닝 파티도, 어렵게 얻은 인턴십도 가고 싶지가 않았다.

간절히 원한 걸 이루고 나면 무슨 일을 하더라도 마냥 행복할 것만 같았는데 막상 그 곳에 도착해보니 고민스러운 일들은 배로 늘어났고 과제들은 쌓여만 갔다. 꿈 너머 저편은 행복하기만 할 것 같았는데 착각이 깨지면서 무기력증과 공허함이 함께 몰려왔다.

나는 무엇을 위해 이제껏 열심히 달려왔으며, 이제 무엇을 위해 어디로 향해야 하는 건지 머릿속이 혼란스러워졌다. 그렇게 하루하루 무기력증에 시달리고 있을 때 우연히 '주빌리 프로젝트'란 비영리단체를 시작한 한국계 형제 이야기를 들었다.

이런 공허함과 무기력증은 나만 겪는 일은 아니었나 보다. 나보다 일찍 힘든 시간을 지내며 답을 찾아 떠난 이민 가정에서 자란 2세들의 이야기를 들으며 큰 위안을 얻었다. 이민 2세대들은 1세들이 겪어야 했던 희생과 고생에 보답하기 위해 전형적인 아메리칸 드림을 꿈꾸며 자랐다. 그리고 세 사람 모두 남부럽지 않게 꿈을 이뤘지만 그 행복감은 3년이 채 가지 않았다고 한다.

세 사람은 꿈을 이룬 후 무기력증에 시달리다가 우연히 베푼 작은 선행이 사회에 어떤 영향을 주는지 경험한 후로 다시 가슴이 뛰기 시작했다고 한다. 그때부터 세 명의 아시아계 청년들은 자신들이 가지고 있던 사회적 지위, 고액 연봉, 스펙을 내려놓고 비영리 단체를 이끌어 나가기 시작했다는 것이다.

주빌리 프로젝트 Jubilee Project

 대학원 첫 시험이 내일모레인데 글씨가 한 자도 눈에 들어오지 않았다. 도서관 의자에 껌딱지처럼 궁뎅이를 붙이고 앉아 있으면 뭐라도 하겠지란 마음으로 인터넷 서핑을 시작했다. 이곳저곳 둘러보다 페이스북 친구가 공유한 〈사랑 언어Love Language〉란 제목의 유튜브 동영상이 눈에 들어왔다. 재미있게 읽었던 책 〈다섯 가지 사랑언어 The Five Love Language〉와 제목이 비슷해 연관이 있는 건 아닌가 싶어 호기심이 작동했다. 클릭을 했더니 잔잔한 음악과 함께 공원 앞 벤치를 배경으로 한 5분 남짓한 짧은 영상이 눈앞에 펼쳐졌다.

주빌리 프로젝트가 제작한 〈사랑 언어〉영상   출처:유튜브

한 여성이 벤치에 앉아 이어폰을 끼고 글을 쓰고 있는데 한 남성이 우연히 그녀 옆자리에 앉아 펜을 빌린다. 여성한테 한눈에 반한 남성은 그 다음날 같은 시간 같은 자리에 앉아 그녀를 기다린다. 운이 좋게도 그녀를 만날 수 있었다. 그녀에게 무슨 음악을 듣고 있냐고 용기내 말을 걸어보지만 그녀는 말없이 이어폰을 끼고 있어 이야기를 들을 수 없다는 제스처로만 답한다. 그래도 그는 포기하지 않는다. 포스트잇으로 대화를 시작해 계속 이어간다. 그 다음 날도 이 둘은 같은 시각에 같은 벤치에서 만난다. 3일간 만나면서 마음의 문이 열린 여성은 '내가 듣고 있는 음악을 들려줄까?'라는 듯 이어폰을 넘겨준다. 하지만 남성은 '아무 음악도 들리지 않아.'라고 답하자 그녀가 수화로 대화하기 시작한다. 그녀는 청각 장애인이었다. 카메라는 남성의 포스트잇으로 향한다. 그리고 그는 적어 내려간다.

'그래도 당신은 아름답습니다. You're still beautiful.'

이 영상은 미국 내 청각장애 아이들을 위한 재단 'American Society for Deaf Children'에 대한 대중들의 관심과 지지를 끌어내기 위해 주빌리 프로젝트가 제작한 것이다.

주빌리 프로젝트는 2010년 제이슨, 에디 리 형제와 친구 에릭이 함께 만든 비영리 단체다. 이들은 좋은 영상과 소셜미디어가 사회에 미치는 영향이 크다는 것을 알고 단체를 시작했다고 한다.

"아이티 대지진 후 셋 중 막내인 제이슨이 지진 피해자들을 위한 기금 모금을 위해 무엇이라도 해야겠다는 생각으로 100달러를 모으기 위해 기타를 가지고 지하철역으로 갔어요. 지하철역에서 무작정 버스킹을 했는데 그때 모인 돈이 목표액에서 30달러가 모자란 70달러였죠. 목표액을 채우기 위해 유튜브에 모자란 30달러를 기부해 달라고 요청하는 영상을 만들어 올렸는데, 그 결과가 놀라웠죠. 자그마치 목표액보다 20배가 많은 700달러가 모인 거예요."

이 경험을 통해 셋은 영상과 소셜미디어가 사회에 미치는 큰 영향을 알아차렸다고 한다. 그래서 시간이 날 때마다 사회 이슈와 관련한 영상을 만들어나갔다. 인권, 에이즈, 성매매, 가정 폭력 등 사회적 문제를 담은 영상부터 자선단체들의 기금모금을 돕는 홍보영상, 아시아인이란 한계를 뛰어넘어 세계적인 NBA 선수가 된 제레미 린, 시각장애를 가지고도 미국 내 최고의 쉐프를 뽑는 TV쇼에서 우승한 크리스틴 하를 다룬 다큐멘터리까지 다양한 영상을 끊임없이 제작한 것이다.

이들이 변화를 주고 싶어한 타켓층은 10대와 20대 젊은이들이었다. 어릴 적부터 사회문제에 관심을 갖고 주빌리 프로젝트가 진행하는 선행 캠페인에 동참할 수 있게 만들기위해선 소셜미디어와 영상만큼 좋은 툴도 없었다. 젊은이들 사이에서 주빌리 프로젝트가 제작한 영상과 선행 캠페인이 소셜미디어를 타고 급속히 퍼져나갔다. 10대와 20대 친구들의 선행이 줄줄이 이어지기 시작했다.

개인의 선행이 사회에 얼마나 큰 이로운 영향을 끼치는지 잘 보여주는 주빌리 프로젝트는 내 삶에도 큰 영향을 끼쳤다.

행복을 쟁취한 용감한 삼총사

"프로젝트를 시작할 때만 해도 이렇게까지 일이 커질지는 몰랐어요. 초창기만 해도 다들 각자 다른 도시에서 일하고 있었고 그래서 주말마다 한 곳에 모여 함께 일하고 다시 각자의 집으로 돌아가는 일을 반복하고 있었거든요."

언제까지 회사일과 병행할 수 있을까 고민하던 중에 주빌리 프로젝트를 풀타임으로 해야겠다고 생각하게 된 결정적인 일이 터졌다. 청각장애인에 대한 인식을 변화시키기 위해 만든 〈사랑의 언어Love Language〉가 한 달도 안 돼 100만 조회수를 기록한 것이다. 영상이 히트를 치면서 수많은 대학으로부터 강연 러브콜을 받고, 이삼십 곳이 넘는 대학 캠퍼스를 돌며 수천 명의 젊은이들과 대화를 나눴다.

"강연할 때면 '가슴 속에 있는 열정을 좇으며 살아가라'고 인생 선배로서 조언을 해줬어요. 하지만 이때부터 마음 속 깊이 갈등이 생기기 시작했죠. 강연이 끝나고 돌아오는 길에 우리 모습을 돌아보았을 때 방금 해준 조언이 과연 지금 나의 모습인가에 대한 물음에 답을 할 자신이 없었어요. 과연 우린 그런 삶을 살고 있는지 돌아보게 되더라고요. 고액 연봉과 안정된 직장을 다니며 남는 시간에 열정을 위해 일하는 위선적인 모습은 아닐까란 생각에 점점 힘들어지기 시작했죠."

이들은 소위 아메리칸 드림을 이룬 이민 2세들이다. 에디와 제이슨은 한국인 부모님 밑에서 자란 형제고, 에릭은 중국 이민자 가정에서 태어나 에디, 제이슨 형제와 학교에서 만난 절친이다. 셋의 스펙은 그저 입이 떡 벌어질 만큼 화려하다. 에릭은 하버드 졸업 후 곧바로 의대를 입학한 의대생이고, 제이슨은 펜실베니아 대학 와튼스쿨에서 경영과 금융을 숨마 쿰 라우데Summa Cum Laude로 졸업한 후 세계적인 컨설팅회사 바인 앤 컴퍼니Bain & Company 뉴욕지사에서 컨설턴트로 일했다. 형 에디는 하버드대 재학 중 오바마 대선 캠프에서 인턴으로 일한 인연으로 아시아·태평양계 소수민족 담당부서 부책임자로 백악관에서 근무하고 있었다.

"2007년 여름 버락 오바마 대선 캠프에서 인턴으로 일을 시작했어요. 그리고 그 해 가을 하버드대를 휴학하고 풀타임 스탭으로 일하게 됐죠. 제가 맡은 일은 대선 캠프 홍보 영상을 제작하는 일이었는데 이때 처음으로 영상 제작 일을 배우게 됐어요. 당시 오바마 대통령 후보자가 가는 모든 곳을 1년 반 가량 좇아다니며 그의 모습을 영상에 담았죠. 그 당시만 해도 오바마 대통령이 온라인상에서 받은 관심과 지지를 보더라도 소셜미디어의 힘이 얼마나 대단한지를 느낄 수 있

숨마 쿰 라우데: 대학교 수석 졸업자

었죠. 그 경험을 통해 영상이 사회에 끼치는 영향이 얼마나 큰지 알게 되면서 더욱 좋은 영상을 찍는 일에 관심을 가지기 시작했어요."

20대 중반의 나이로 백악관에 입성했지만 에디는 잠도 제대로 자지 못하고, 마치 우울증을 앓는 것 같이 힘든 시간을 보내야 했다. 그래서 동생과 에릭에게 제일 먼저 일을 그만 두겠다고 했다. 그러자 나머지 둘도 하던 일을 그만 두고 주빌리 프로젝트에 전념하고 싶다는 뜻을 비쳤다고 한다. 셋은 그렇게 과감히 직장과 학업을 떠나 그들의 열정을 필요로 하는 주빌리 프로젝트에 풀타임으로 전념할 수 있었다고 한다.

그들의 이야기는 나같이 20대 때 열정과 방향을 잃고 헤매는 젊은이들에게 큰 힘을 주는 귀감이 되었다. 나는 가끔 내 열정을 좇아가며 현실적인 벽에 부딪혀 힘이 들 때면 에디가 했던 마지막 말을 되새기곤 한다.

"많은 사람들이 제가 하버드에 휴학계를 내고 버락 오바마 대선 캠프에 들어갈 때 어리석다고 이야기했어요. 어떤 이들은 백악관을 나와 주빌리 프로젝트를 시작하는 건 더 위험한 도전이라 이야기했죠. 하지만 이제껏 우리가 걸어온 삶의 여정들을 돌아보면 모든 일은 다 이유가 있기 때문에 일어났다는 걸 느껴요. 저는 현재 제가 있는 곳이 너무 좋아요. 사회 어딘가에서 목소리를 내야 되는 약자들의 이야기를 영상으로 담아 세상에 내놓을 수 있는 저의 일이 너무 자랑스럽고 감사합니다."

2030네트워크포럼 행사.

에밀리 듀브너가 던져준 질문에 대한 답을 나는 주빌리 프로젝트를 통해 찾을 수 있었다. 바쁜 생활 속에서도 젊은이들이 모여 사회적인 이슈에 함께 고민하고 도움의 손길을 내밀 수 있는 플랫폼을 만들어 보고 싶단 생각에 사회적기업 성격의 모임을 만들었다.

2012년 시작한 젊은 친구들간의 네트워킹 모임인 2030 네트워크포럼은 3번에 걸쳐 진행됐다. 비영리 활동에 대한 교육을 받고 도움이 필요한 단체에 기금 모금을 위한 자선파티를 개최하는 사회적기업의 성격을 띤 프로젝트성 모임이었다. 2014년 12월 스물두 명의 20~30대 친구들이 모여 난곡동 베이비박스에 버려진 아기들의 생필품 기금 모금을 위한 자선파티를 열어 성황리에 마쳤다. 2015년 8월에는 홍대에서 직접 커피를 만들고 석고 방향제를 만들어 판매해 나온 수익금을 저소득층 아이들을 돌보는 지역아동센터에 기부했다. 바쁜 생활 속에서도 젊은이들이 한마음이 되어 이뤄낸 결과물에 대해 정말 뿌듯하고 행복한 순간을 만끽하며 세상에 선한 영향력을 행사하는 게 얼마나 중요한지를 깨달았던 시간들이다.

나는 지금 눈에 보이는 유형적인 꿈보다 내가 하고자 하는 일이 사회에 어떤 영향을 줄 수 있는지 비전을 그려가며 앞으로 나아가고 있다. 그것이야말로 진정한 꿈을 이루는 방법이란 값진 깨달음을 에밀리와 에디 형제를 통해 깨달았기 때문이다. 더 많은 젊은 세대들이 사회에 가치 있는 일을 찾아갔으면 좋겠다.

그것은 굳이 모두가 사회적기업을 만들고 비영리단체를 시작해야 된다는 이야기는 아니다. 베이킹 포 굿의 에밀리도 쥬빌리 프로젝트의 에디도 세상에 선한 움직임의 초석을 닦아놓고 지금은 새로운 길을 가고 있다. 하지만 그들이 남겨놓은 그 발자국만큼은 다음 세대들이 밟아가고 있는 중이다. 그리고 한때 가치 있는 일을 만들어냈던 그들은 각자의 삶에서 그 선함을 평생 행하며 살아가고 있을 것이다.

세상의 트렌드는 눈 깜작할 사이에 변화해 있을 것이다. 급변하는 테크놀로지에 발맞추어 가는 것도 중요하지만 여기서 가장 중요한 건 어떤 생각을 가지고 이들이 세상에 도전장을 내밀었는지 그 정신에 주목해야 된다. 사회의 문제점을 자신만의 방식으로 바꾸고 사회에 가치 있는 상품과 그런 사람이 되기를 소망하는 그들의 마음들이 세상을 변화시키고 있단 사실이 우리가 가장 주목해야 할 것들이 아닐까 싶다.

2014년 12월 난곡동 베이비박스를 후원하기 위한 자선파티를 2030네트워크포럼 친구들과 함께 기획했다. 그날 만들어진 수익금 전액을 베이비박스에 기부했다.

몇 년 전, 추석연휴에 굉장히 웃픈 상품이 인터넷에 소개됐다. 한 앱개발 회사에서 '불효자식 티셔츠'를 제작해서 선보인 것이다. 티셔츠 앞면에는 '공무원이 최고라고 어머니가 말하셨죠.'라고 적혀 있고 뒷면에는 '저는 스타트업 하는 불효자식입니다.'란 문구가 적혀 있었다.

부모님들은 우리가 안정된 직장을 뒤로 하고 꿈을 좇겠다고 하면 배부른 소리라며 못마땅해 하신다. 하지만 세상은 변하고 있다. 우린 부모님이 살아온 시대와 너무 다른 세상을 살아가고 있다.

한때 대한민국을 강타했던 영화 〈국제시장〉에서도 볼 수 있듯이 우리네 할머니, 할아버지 시대는 먹고 사는 문제가 급선무였다. 하지만 이제는 먹고 사는 문제를 떠나 더 나은 세상을 추구해야 한다. 내가 하는 일이 사회에 어떤 기능과 역할을 하는지 생각하며 의미 있고, 가치 있는 일을 추구해 나가야 한다. 지금 우리에게는 꿈을 좇아 도전하는 것이 어쩌면 당연한 일이 되어 버렸다.

이제 우리 대한민국도 삶의 열정과 가치를 찾아 떠나는 이들에게 우려 섞인 걱정보다는 "더 멋지게 너희 시대를 열심히 살아가고 있구나!"라는 격려와 응원이 필요한 시점이다.

그럴 때 개인적 이익만 추구하는 것이 아니라 공동체의 이익을 추구하는 건전한 사회적기업에 전념하는 젊은이들이 늘어날 것이라 믿는다.

우리 모두 세상의 빛과 소금이 되기 위해 노력하자!
그것이 곧 나를 위하는 길이다.

Epilogue

잠들지 않는 도시

The City That Never Sleeps

이름만 들어도 가슴이 벅차오르는 도시 뉴욕New York.

이 시대를 살고 있는 젊은이라면 누구나 한번쯤 열정 하나 가지고 도전해 보고 싶은 땅이 아닌가 싶다. 나에게도 뉴욕은 그랬다. 세계 미술시장의 심장이란 타이틀을 가진 예술의 도시 뉴욕을 어느 예술학도가 마다하겠는가!

매년 부푼 꿈을 안고 세계 곳곳의 젊은이들이 뉴욕으로 몰려든다. 지금은 오히려 토종 뉴요커를 찾아보기 힘들 지경이다. 그만큼 뉴욕은 다양한 인종이 새로운 문화를 끊임없이 창조해 나가는 공간이다. 집 대문만 나서면 세계의 어떤 음식도 그 고장의 그 맛대로 맛 볼 수 있다. 지하철만 타고 가면 수업시간에 배운 거장들의 그림을 감상할 수 있고, 영화관에서나 봤던 헐리우드 배우들을 동네 슈퍼에서 맞닥뜨리기도 한다. 그래서 세계의 젊은이들은 이 도시에 열광한다. 1977년 프랭크 시나트라의 '뉴욕, 뉴욕New York, New York' 가사 중에 '절대 잠들지 않는 도시 The city that never sleeps'가 바로 뉴욕이다.

그만큼 뉴욕은 바쁘다. 뉴욕을 창문과 시계가 없는 백화점에 비유할 때가 많다. 환한 대낮에 들어갔던 백화점에서 쇼핑을 하고 나와 보니 캄캄한 밤이 돼 있는 걸 확인하고 깜짝 놀랐던 경험을 떠올리면 좋다.

뉴욕에 도착해 내가 느낀 뉴욕의 매력은 하늘 높이 치솟아 있는 마천루와 서울러보다 몇 배는 더 바쁘게 움직이는 뉴욕커들의 다이나믹한 삶의 모습이었다. 하지만 시간이 흐르면서 이 모든 것이 일상으로 되어가자 감흥이 무뎌가기 시작했다. 그때 지인분의 초대로 뉴저지의 레스토랑에서 식사를 했다. 강 건너 보이는 맨하탄의 풍경이 내게 준 충격은 아직도 생생하다. 뉴욕 생활을 시작하고 1년이 지나서야 한 발짝 떨어진 곳에서 뉴욕의 빌딩숲이 한눈에 바라보게 된 것이다. 불현듯 내가 맨하탄이란 자그마한 섬 안에서 또 다른 한 명의 뉴요커가 되기 위해 발버둥치며 살아가고 있는 건 아닌가란 생각이 들었다.

그때부터 한 발짝 물러나 뉴요커들이 살아가는 방식을 바라보기 시작했고 그때 새로운 뉴욕을 만났다. 혜민스님의 책 제목처럼 '멈추면 비로소 보이는 것들'이 보이기 시작했다. 뉴욕은 언제나처럼 급변하고 있었다. 나는 그 변화의 중심 속에서 그 모습을 있는 그대로 기록하고 싶었다.

뜨는 스타: 실리콘 앨리

Rising Star: Silicon Alley

세계는 지금 스타트업 붐이 일고 있다. 뉴욕은 그 트렌드를 앞장서 이끌고 있는 곳이다. 스타트업은 국내에서 유행처럼 번지던 기존 생계형 창업과는 구별되는 기술을 기반으로 한 창업이라고 봐야 한다. 1990년대 말 닷컴dotcom 붐이 일면서 인터넷 비즈니스에 대한 관심과 투자가 기하급수적으로 증가했지만 유저들의 기대에 못 미치는 서비스로 과대평가되었던 주가가 폭락하면서 수많은 벤처기업들이 파산했다. 이후 십여 년 만에 페이스북Facebook과 트위터Twitter, 텀블러Tumblr와 같은 스타트업들이 상장IPO되고 거액에 인수되면서 다시금 IT창업이 살아나기 시작했다.

국제적인 IT도시라면 미국 서부에 위치한 실리콘 밸리Silicon Valley를 떠올린다. 50년이 넘는 역사만큼이나 스타트업이 출발하는데 안정적인 생태계를 형성해 놓았다. 지금은 어느 곳도 실리콘 밸리를 따라 갈 곳이 없다.

하지만 몇 년 사이 스타트업계에 새로운 바람이 불고 있다. 실리콘 밸리를 잇는 미국의 제2의 테크도시로 보스턴을 제치고 뉴욕이 새롭게 떠오르고 있는 것이다.

얼마 전까지만 해도 뉴욕에서 스타트업을 시작하겠다면 납득하지 못하던 사회적 분위기가 이제는 뉴욕만큼 스타트업을 시작하기에 좋은 곳은 없다는 분위기로 바뀌었다.

뉴욕이 하루아침에 IT 도시로 급부상한 것은 아니다. 1990년대부터 맨해튼의 빈 사무실에 미디어 산업과 인터넷을 결합한 형태의 회사들이 생겨나기 시작했다. 이런 회사들이 밀집되어 있는 지역에 실리콘 앨리 Silicon Alley란 별명이 붙어졌다.

뉴욕의 스타트업 열풍은 뉴요커들의 생활 속에서 느낄 수 있을 만큼 급속히 퍼져나가고 있다. 스타트업과 관련한 강좌와 모임들이 수백 개에 달하고 있다. 내가 인터뷰를 위해 매달 빠지지 않고 참석했던 가장 유명한 모임인 뉴욕 테크 밋업NY Tech Meet Up은 티켓 판매가 시작되고 몇 분도 지나지 않아 매진을 기록한다. 뉴욕에서도 가장 오래된 테크 커뮤니티 모임이다. 스타트업이 개발한 새 제품을 수백 명의 관객 앞에서 시현하고, 피드백을 주고받으며 네트워킹을 하는 모임이다. 참석자들은 스타트업 종사자들이 주를 이루지만 이 분야에 관심 있는 정치인들과 투자자들도 대거 몰려든다.

매월 뉴욕대 강당에서 열리는 스타트업 이벤트.

뉴욕이 테크 도시로 빠르게 성장하는 데는 정부차원의 전폭적인 지원을 빼놓을 수 없다. 11년간

(2002년~2013년) 뉴욕시장을 역임한 마이클 블룸버그Michael Bloomberg 전 시장의 역할이 컸다.

블룸버그는 초선 당시 월가에 지나치게 의존하고 있는 뉴욕의 경제 문제점을 경제 엔진의 다양성으로 해결하려 힘썼다. 그리고 그가 찾아낸 새로운 경제 동력은 IT였다. 25년간 성공적인 IT회사를 이끈 CEO였기에 분야에 대한 이해가 어느 누구보다 깊었다.

블룸버그는 재임 동안 다양한 정책으로 뉴욕의 스타트업들을 도왔다. 그 중 가장 큰 업적은 뉴욕을 IT도시로 성장시키기 위해 지역에서 연구되고 생산되는 기술력을 만들려고 코넬대학Cornell University의 공대 캠퍼스를 맨해탄 내에 설립하기 위한 사업을 추진했고, 2013년 99년간 루즈벨트 섬에 공대캠퍼스 임대 계약을 체결했다(2017년 오픈 예정). 또한 그는 '위 얼 메이드 인 뉴욕We are Made in NY'과 같은 정부 산하의 기관들을 만들어 뉴욕 내 스타트업 활성화를 위해 힘썼고, 인큐베이팅 프로그램과 코워킹 스페이스 운영 및 피치 대회와 콘테스트들을 개최해 재정적인 지원을 아끼지 않았다.

새로운 패러다임

New Paradigm

"그렇다면 왜 지금 다른 곳도 아닌 뉴욕에 스타트업 붐이 일고 있는가?"

전문가들이 다양한 분석을 하고 있지만 가장 설득력 있는 것은 현재 기술의 발전 단계와 밀접한 관련이 있다는 것이다. 초창기 기술은 컴퓨터 하드웨어를 발전시키는데 집중했었다면, 이제는 인터넷 기반 시설을 구축하는 단계를 넘어섰다. 따라서 인터넷의 보급을 기반으로 다양한 산업과 결합되는 형태로 발전하는 단계로 접어든 것이다.

뉴욕은 지역 특성상 예술, 패션, 언론, 광고, 출판 등 각 종 산업들이 눈부시게 성장을 이룬 도시다. 따라서 이 곳에 기술만 옮겨 온다면 세계적인 IT도시로 발전하는 것은 그야말로 시간문제일 뿐이었다.

디지털 신기술 개발에 치중하고 있는 실리콘 밸리와 달리 실리콘 앨리에서 탄생되는 스타트업들의 성격은 굉장히 다르다. 도시 특성상 문화생활과 소비생활이 활달한 뉴요커들이 주된 유저인 점을 감안하면 뉴요커의 라이프스타일과 접목한 비즈니스가 성행할 수밖에 없는 구조이다.

나는 '뉴욕의 젊은 CEO' 기사를 쓰던 초기만 해도 스타트업이 정확히 무엇인지 몰랐다. 내가 흥미를 가졌던 것은 뉴욕에서는 수많은 젊은 CEO들이 배출되고 있다는 사실이었다. 그들이 어떤 계기로 창업을 선택했으며 왜 뉴욕으로 건너와 시작하게 됐는지, 어떤 아이디어를 발전시켰는지 등에 관심을 가졌을 뿐이다. 그리고 그들의 이야기를 오늘도 치열하게 살고 있는 한국의 젊은 친구들에게 들려주고 싶었다.

뉴욕에는 젊은 창업가들이 유난히 많았다. 그 이유는 IT창업의 진입 장벽이 이전보다 많이 낮아졌기 때문이다. 창업자가 기술적인 지식이 없다 하더라도 기술적인 부분은 아웃소싱 할 수 있는 여러 방법들이 생겨났다. 또한 창업을 지원 해주는 각종 프로그램이나 인프라가 잘 구축되어 있어 젊은이들이 IT창업을 하기가 훨씬 쉬워졌다.

뉴욕은 특히 월가에서 일하던 젊은 친구들이 고액 연봉을 포기하며 스타트업 창업에 뛰어드는 게 마치 트렌드처럼 번져가고 있다. 2008년 뉴욕 리먼 브라더스 사태를 통해 철밥통이라 믿고 있었던 금융업계가 무너지는 걸 보면서 이제 더 이상 안정적인 직장은 없다는 현실을 직시한 젊은이들이 스타트업 열풍을 주도하고 있는 것이다.

아울러 Y세대들은 눈앞에 보이는 돈과 명예를 쫓기보다 자신의 미래를 스스로 책임 질 수 있는 창조적인 일을 하며 살아가는 것이 더 가치 있다고 생각하기 시작했다. 어느 누구도 나의 미래를 책임 질 수 없다면 내 스스로 내가 좋아하는 일들을 창조해 나가며 사는 것이 더 가치 있는 삶이라는 가치관의 전환이 일어난 것이다.

행복을 좇아라!

Follow your Bliss!

나는 대학 졸업 후 대학원에 바로 입학해 석사과정을 시작하면서 회사생활을 시작했다. 유학을 가기 전까지 나는 대학 4년을 스펙 쌓기에 힘을 쏟았다. 학기 중이나 방학을 이용해 MBC 영어캠프 스탭으로, 과학정책기술연구원STEPI 과 한국국제협력단KOICA프로젝트 인턴을 거쳐 청담

동 갤러리 인턴 큐레이터로 다양한 경험들을 쌓아갔다. 유럽 배낭여행도 3개월 혼자 해봤고, 그 당시 생소했던 실크로드 여행도 해봤다.

휴학 한번 없이 대학생활을 알차게 보냈다. 하지만 이 모든 '스펙쌓기'가 무엇을 위한 것이었는지 만족스럽지 못한 사회생활을 시작하며 회의감이 들기 시작했다. 사회가 정해준 틀에 맞춰 살아가려고만 했지, 내가 진정 하고 싶은 일에 대해선 곰곰이 생각해 본 적이 없었단 걸 알게 됐다. 그러다 운이 좋게 미국 유학길에 오를 수 있었고 시카고에서 시작한 석사생활을 뉴욕에서 마치며 뜻깊은 경험들을 했다.

다른 미술사학도들처럼 크리스티 옥션 하우스나 구겐하임 미술관, 가고시안 갤러리 등과 같은 세계적인 미술시장에서 일하고 싶은 욕심 때문에 유학길에 올랐다. 하지만 다수가 가는 안정된 길이 결코 내 행복을 보장해 주지 않는단 사실을 대학 졸업 후 경험했기에 다양한 분야에 관심 가지며 내가 진정 원하는 길을 찾기 위한 노력을 끊임없이 해나갔다.

그러다 뉴욕 미술시장에 혜성처럼 등장한 신생 비즈니스 아트 바인더 Art Binder와 인연이 닿았고, 아트 갤러리들이 소장한 작품들을 스마트폰을 통해 간편하게 정리하는 시스템에 감탄을 했다. 이제껏 접해보지 못한 새로운 분야였기에 신선했고 도전해 보고 싶었다.

첫 직장인 아트 바인더에서의 생활은 내 인생을 송두리째 바꿔 놓았다. 그곳의 창업자가 동갑내기라는 사실에 나는 신선한 충격을 받았다. 그녀를 만난 후 점점 주변의 또래 CEO들이 한두 명씩 눈에 들어오기 시작했다. 나처럼 유학을 왔다 졸업과 동시에 창업을 한 이들도 있고, 타지에서 뉴욕으로 건너와 창업을 시작하는 이들도 있었다.

그들의 공통점은 대학 졸업 후 남들이 부러워하는 꿈의 직장에서 고액 연봉을 보장받았지만, 한결같이 안정적인 생활을 포기하고 자신이 하고 싶은 일에 도전했다는 것이다.

"자신을 기쁘게 하는 것을 따르라, 그러면 벽이 있는 곳에서도 우주는 너를 위해 문을 만들어 줄 것이다. Follow your bliss and the universe will open doors for you where there were only walls."

조셉 캠벨(Joseph Campbell), '신화의 힘' 중에서

힘든 시절에 스스로 위안 받기 위해 몇 번이고 되뇌었던 이 글에 대한 진정한 의미를 알렉산더를 만나기 전까지는 잘 알지 못했다. 하지만 알렉산더를 만나고 '뉴욕에서 만난 젊은 CEO' 프로젝트를 진행하면서 비로소 이 글귀의 뜻을 진정 이해할 수 있었다.

스타트업 붐이 일고 있는 세계적인 사회 현상은 결코 '쏠림 현상'으로만 이해할 수 없다. 21세기를 살아가고 있는 젊은이들이 용기내 자신들의 가슴을 뛰게 하는 일을 찾아 나섰고, 마침내 그 일이 성공으로 가는 지름길이라는 것을 보여주고 있다. 나 또한 이들을 통해 내 가슴을 뛰게 하는 일이 무엇인지를 찾고 용기를 얻었다. 두렵다고 피하기보다 내 행복을 위해 더 열심히 맞서 싸우다 보면 세상은 나를 위해 길을 터 줄 거라는 깨달음은 내가 이들에게 받은 가장 큰 선물이다.

한국에 돌아와 방정리를 하며 우연히 종이 한 장을 발견했다. 정확히 10년 전인 고3 작문시간에 쓴 〈10년 후의 나에게〉라는 편지였다. 그 편지를 보면서 나는 꿈을 구체화 시켜보는 것이 왜 중요한가를 알았다. 간절히 그리면 이뤄진다는 말이 내게도 이뤄졌다는 것을 알 수 있었다. 10년 전 편지 속에서 나는 뉴욕으로 유학을 떠났고, 파티플래닝 회사에 취직해 있었다. 그것은 한국에 돌아와 약혼자의 도움을 받아 파티를 기획하는 회사를 창업한 바로 지금의 내 모습이었다.

'아, 그랬구나!
지금의 내 모습이 10년 전에 그렸던 바로 내 모습이었구나!'

10년 전 편지를 통해 그때 그려 놓았던 나의 삶을 돌아보며, 한때 방황도 했지만 결국은 돌고 돌아 내가 그렸던 삶대로 살아가고 있다는 것을 알고, 다시 한번 설레는 마음으로 펜을 들어본다. 앞으로 10년 뒤의 나에게 또 다른 희망의 편지를 쓰기 위해.

인공지능과 로봇의 출현이 현실화된 4차 산업혁명 시대에 스타트업은 정말 큰 모험을 요구하고 있다. 그 어느 때보다 변화의 주기가 빨라 한 치 앞을 예측하기가 힘들기에 더욱 그렇다. 내가 이 책을 집필하면서 염두에 둔 것은 미래를 향한 뉴욕의 도전 정신이다. 뉴욕은 세계의 중심이다. 뉴욕의 스타트업을 살펴보는 것은 세계의 스타트업을 섭렵해 보는 것과 다르지 않다는 것이 나의 생각이다.

　모쪼록 스타트업을 꿈꾸며 구체적으로 설계하는 모든 이들에게 이 책이 소중한 이정표가 되었으면 한다. 이 책을 통해 스타트업의 방향을 잡고, 바로 지금 구체적으로 그리고 설계한 그대로 10년 후에 반드시 성공한 창업가로 우뚝 설 수 있기를 기원해 본다.

　꿈은 반드시 이뤄진다는 믿음으로!

스타트업! Key Point!

1. 아이디어가 아닌 문제점에서부터 시작하라!

2. 작은 문제점부터 해결해 나가라!

3. 자신의 상품을 만들어라!

4. 공동창업자를 찾아라!

5. 자신감 있게 투자유치에 나서라!

6. 두드려라, 열릴 때까지!

7. 일과 삶의 경계를 허물어라

8. 진실되게 접근하라!

9. 경쟁자에게 초연하라!

10. 온고지신 법고창신하라!

11. 남들이 움직이지 않을 때 움직여라!

12. 우선 시작하라!

13. 공유경제 시장에 눈을 돌려라

14. 수정하고 또 수정해 나가라!

15. 소비자를 배려하는 온·오프라인 망을 갖춰라!

16. 사회적으로 가치있는 일을 찾아라

17. 세상에 소중한 빛과 소금이 되어라!

참고 서적

1. 〈세상을 바꾸는 착한 돈〉, 기 소르망, 안선희, 문화세계사 2014

2. 〈Zero to One, Peter Thiel〉, Crown Business, 2014

3. 〈Upstarts〉, Donna Fenn, McGraw Hill, 2010

4. 〈The Lean Startup〉, Eric Ries, Crown Business, 2011

스타트업 인 뉴욕
StartUp In NewYork

<u>초판 인쇄</u>   2017년 5월 24일
<u>초판 발행</u>   2017년 5월 27일

<u>지 은 이</u>   박현지
<u>펴 낸 곳</u>   출판이안

<u>펴 낸 이</u>   이인환
<u>등   록</u>   2010년 제2010-4호
<u>편   집</u>   이도경 김민주
<u>주   소</u>   경기도 이천시 호법면 단천리 414-6
<u>전   화</u>   031)636-7464, 010-2538-8468
<u>인 쇄 소</u>   이노비즈
<u>이 메 일</u>   yakyeo@hanmail.net

이 도서의 국립중앙도서관 출판시도서목록(CIP)은 서지정보유통지원시스템 홈페이지(http://seoji.nl.go.kr)와 국가자료공동목록시스템(http://www.nl.go.kr/kolisnet)에서 이용하실 수 있습니다.(CIP제어번호 : CIP2017009298)

ISBN : 979-11-85772-42-4 03320
가격 15,000원

* 잘못된 책은 구입한 서점에서 바꿔 드립니다.
* 出版利安은 세상을 이롭게 하고 안정을 추구하는 책을 만들기 위해 심혈을 기울이고 있습니다.